दिल में तितलू धड़के

अनबाउंड स्क्रिप्ट

दिल में तित्तू धड़के

ISBN : 978-93-92088-99-5

मूल्य : 199/-

प्रकाशक : अनबाउंड स्क्रिप्ट
बी - 10, सेवेन वंडर्स बिज़नस सेन्टर
प्लॉट नं. जी -20 बेसमेंट,
प्रीत विहार, नई दिल्ली - 110092
वेबसाइट : www.unboundscript.com
ई-मेल : books@unboundscript.com

Dil Mein Tittu Dhadke *by* Shraddha Thawait
Printed in India

दिल में तित्लू धड़के

श्रद्धा थवाईत

अनबाउंड स्क्रिप्ट

आप पोंचू की एक समानान्तर और सपनों की दुनिया में प्रवेश कर रहे हैं। कीट-पतंगों, पेड़-पौधों, पशु-पक्षियों के अपने अनुभवों को याद करें और कल्पना की पेटी खोल लें!

भूमिका

पोंचू स्कूल में शरारती बच्चों का शिकार होता है। इतना कि उसके सपने भी उसे डराने लगते हैं। फिर कुछ ऐसा होता है कि वो चींटों से भी छोटा हो जाता है। एक तितली उसे चींटे से बचाती है। वह तितली पर सवार होकर उड़ता है। पर बुलबुल के झपट्टे से बचते हुए गिर जाता है। पीपल की पत्ती की सवारी करता है, उसकी डंडी की स्टीयरिंग पकड़कर उड़ता है पर क्रैश हो जाता है।

वह घास के घने जंगल में गुम हो जाता है। क्या वह घास के इस जंगल से निकल पाता है? वह तितली की सवारी करता है। क्या वह डर से बहादुरी तक का सफ़र भी तय कर पाता है?

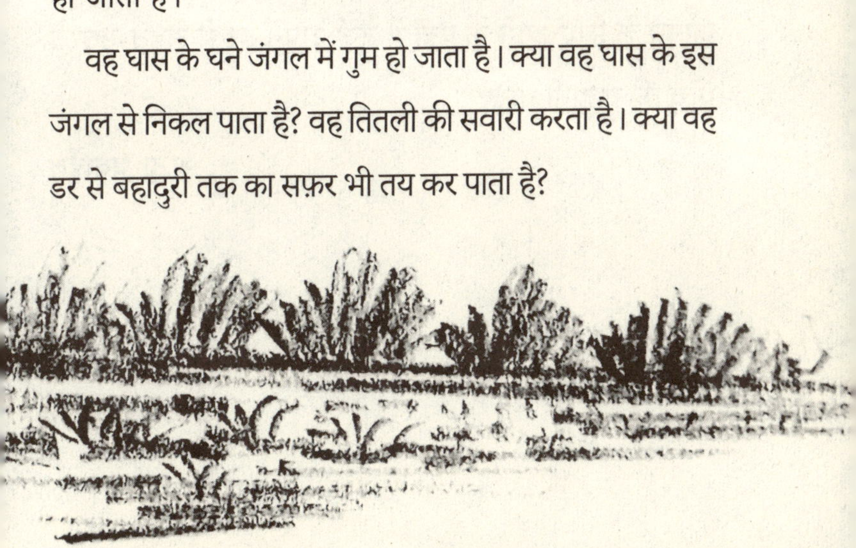

यह तितलियों की 'बेटसियन मिमिक्री' की कहानी भी है। यह पोंचू और तितलियों के साथ चींटों, जंगल कोतवाल, सांप की मौसी-सांपसुल्ली, गुबरैले और प्रकृति की कहानी भी है। यह कहानी बताएगी कि कैसे यह गुम हुआ बच्चा पोंचू, घर का रास्ता खोजते हुए वह खुद को भी खोज लेता है।

आप सोच रहे होंगे कि ये भूमिका है या प्रश्नों की रेलगाड़ी-छुक-छुक-छुक करते प्रश्न चले ही आ रहे हैं! तो, इनका उत्तर जानने के लिए आगे के पन्नों में दर्ज़ अपने डर से लड़ते-उबरते पोंचू की कहानी पढ़िए!

श्रद्धा थवाईत

अमरूद और गुबरैला

पोंचू की नींद बीच सपने में अचानक खुल गयी। वह थोड़ी देर तक अकबकाया और कुछ घबराया-सा यह समझने की कोशिश करता रहा कि है कहाँ? उसने कमरे के पर्दों से छनकर आती स्लेटी रोशनी देखी। अपने अगल-बगल देखा। तब उसे राहत मिली कि वह स्कूल में नहीं घर में है। उसने अपना हाथ मम्मी के हाथ पर रख दिया। मम्मी का हाथ उसकी कमर पर है। पापा की नाक बज रही है। बाहर से चिड़ियों की चहक अंदर आती रही और वह यों ही लेटा रहा।

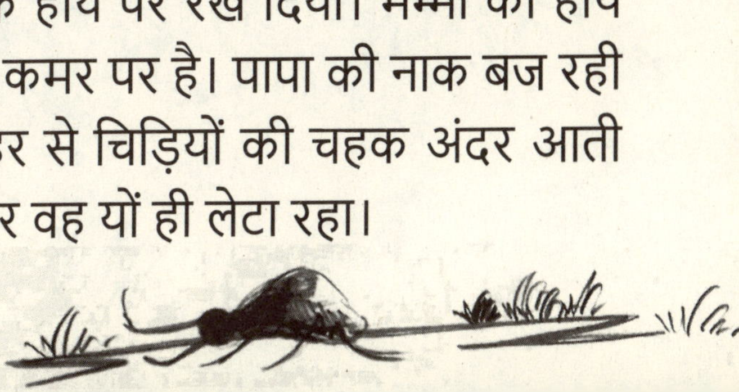

सपने की रील फिर चालू हो गयी। वह भाग रहा है। छोटू और अर्णव उसे दौड़ा रहे हैं। वह फुटबॉल का मैदान पार कर स्कूल में घुस गया। जाने कैसे सीढ़ियों का दरवाजा पहले से खुला है। छुपने की कोशिश में वह सीढ़ियों पर चढ़ गया।

छत का दरवाजा भी खुला है। वह छत पर पानी की टंकी की आड़ में छुप गया। तेज दौड़ने और घबराहट से अटकती साँस को कुछ राहत मिली कि अचानक किसी ने उसके कंधे पर हाथ रखा। पीछे छोटू खड़ा दिखा-अपनी डरावनी हँसी के साथ। वह फिर दौड़ पड़ा लेकिन छत के एक कोने में घेर लिया गया।

वह भागना चाहता है पर भाग नहीं पा रहा। सामने से छोटू और अर्णव उसे घेरे खड़े हैं और पीछे भागने की कोई जगह नहीं बची है। छत खत्म है। भागे तो कैसे भागे? क्या छत से कूद जाए? छत से कूदे तो हाथ-पैर टूट जाएँगे, न कूदे तो बचे कैसे? उधर क़दम-दर-क़दम दोनों उसकी ओर बढ़ने लगे। इधर साँस-दर-साँस उसका दम टूटने लगा। अचानक अर्णव ने उसका गला दबोच लिया। अब जबकि वह जाग गया है और उसे

अहसास हुआ कि यह सब सपना है तो भी उसे घुटन महसूस हो रही थी और उसका दिल पसलियों में ज़ोर-ज़ोर ख़ुद को पटक रहा था।

थोड़ी देर बाद, जब सपने की रील ख़त्म हुई, दिल की तेज़ धुकधुकी कम हुई तो उसने हौले-से मम्मी का हाथ हटाया। मम्मी-पापा को सोते छोड़कर चुपके से घर के बाहर निकल आया।

वह लिफ्ट से नीचे उतरा और लॉन में चला आया। उसने लॉन में टहलना चाहा। उसे लगा कि लॉन की घास उसे गुदगुदाएगी। उसने घास के उस मुलायम ठंडे अहसास को याद किया, जो पाँवों से होकर मन तक पहुँचता है। कल शाम को वह मम्मी के साथ घास पर नंगे पाँव चला था। पूरे समय वह मम्मी को अपनी परेशानी बताने के लिए हिम्मत जुटाता रहा। जैसे ही वह कहने वाला होता कि अर्णव की

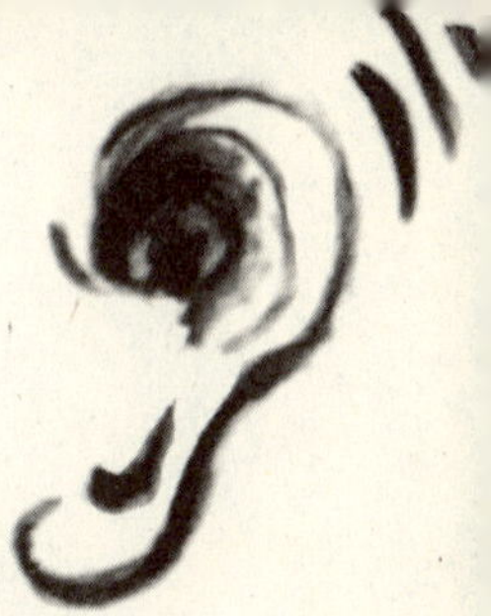

आवाज़ सुनाई पड़ जाती-

"सोच ले... तेरा क्या हाल करेंगे,
अगर तूने किसी को भी बताया..."

उसकी जबान तालू से चिपक जाती। मम्मी जाने क्या तितलियों की मिमिक्री बता रही थीं। मम्मी कितनी तो दिलचस्प चीजें बताती हैं। जिन्हें वह घंटों सुनता रह सकता है। पर कल उसके कानों में मम्मी की सिर्फ आवाज़ पड़ रही थी। जबकि दिमाग़ में छोटू और अर्णव उसे धमका रहे थे। उसे मम्मी की कोई बात समझ नहीं आयी। जब मम्मी ने उसके सिर पर हाथ फेरकर पूछा-क्या बात है बेटा? परेशान क्यों लग रहे हो? तब भी अर्णव की आवाज़ मन में गूंजती रही। वह कुछ भी न बोल पाया। स्कूल से ही बार-बार अर्णव की वही आवाज़ उसके कानों में गूँज उठती और वह सिहर जाता। उसे देखकर मम्मी को पता

चल चुका था कि वह परेशान है। वह समझ गया था कि अब मम्मी इसका कारण जानकर ही छोड़ेंगी। लेकिन अगर वह कुछ भी बताता है तो छोटू और अर्णव नहीं छोड़ेंगे। उसका दिल डर से धड़कने लगा था। गनीमत यह हुई कि पहले नीलम आंटी मिल गईं फिर कुछ और लोग आ गए तो मम्मी को आगे पूछने का मौका नहीं मिला। उसे थोड़ी-सी राहत मिल गई थी।

कल शाम के चमकते लॉन पर आज एक सफेद चादर-सी पड़ी है। लॉन की घास ओस से तरबतर है। जिस पर पैर रखने से शाम की ठंडक नहीं बल्कि सिहरन का अहसास हो रहा है। इस सिहरन ने फिर उसे वही सिहरन याद दिला दी। अभी तो हर बात उसे छोटू और अर्णव के आतंक तक ही ले जाती है। थोड़ी राहत की आस में उसे अपनी पसंदीदा जगह याद आयी- कॉलोनी के किनारे बरगद

का पेड़। वह उसकी ओर बढ़ने लगा पर रोज की तरह भागते-दौड़ते नहीं। बेहद धीरे-धीरे। मानों पाँवों में डंबल बंधे हों, जिन्हें घसीटते हुए चलना पड़ रहा हो...यह दूरी ख़त्म ही नहीं होती! शायद बुरे सपने के कारण उस पर छायी बेचैनी का असर है। सूरज अभी तक नहीं निकला है। वह छोटू और अर्णव से छुटकारा कैसे पाये? सोचते हुए अपने जाने-पहचाने रास्ते पर अनमना-सा चलता गया।

रास्ते में उसे अमरूद का पेड़ नज़र आया। उसकी अनमनी पर खोजी नज़रों ने पेड़ को स्कैन कर लिया। थोड़ी ऊँचाई पर एक गदराया हुआ अमरूद लटका दिखा। मानो चुनौती दे रहा हो; तुम मुझ तक नहीं पहुँच पाओगे। उस अमरूद का हरा रंग, पीला होने के एकदम कगार पर खड़ा है। ज़रा-सा फिसला कि पक्के पीले रंग में डूब जायेगा। उसे यह अमरूद पीले की खाई और हरे की

चढ़ाई के बीच गदराये स्वाद का शिखर-सा लगा। वह अमरूद के पेड़ पर चढ़ने लगा। अनजाने ही उसके मन ने खुद पर छायी बेचैनी को अमरूद की टहनी पर टाँग दिया। वह एक के बाद दूसरी टहनी पर पाँव रखता गया। और पेड़ की उस ऊँचाई पर पहुँच गया, जिसके ऊपर चढ़ना असंभव होता। वह किसी करतबबाज की तरह अपना संतुलन साधने लगा। एक सीधी चली गई टहनी को हाथ से

थामे हुए वह कभी दाएँ झुकता तो कभी बाएं। इस ऊँचाई पर उसकी सारी बेचैनी पीछे छूट गयी और बस एक गहरा रोमांच बचा रहा।

हाँ! उसे पापा याद आये। वह जब भी पोंचू को पेड़ पर चढ़ते देखते हैं तो हँसकर कहते हैं,

“बंदर हो तुम एकदम!
पेड़ पर चढ़ने के मामले में
बिल्कुल मुझ पर ही गए हो।”

पापा के पास पेड़ों पर चढ़ने, उतरने, गिरने की कई कहानियाँ हैं।

अमरूद अब भी उसकी पहुँच से कुछ दूर है। वह पतली-सी टहनी पर ख़ुद को साधे खड़ा है। फिर एक झोंका मन से गुज़रा;

‘लगता है अमरूद नहीं मिलेगा!’

निराशा ने फिर सिर उठाया लेकिन इस बार साथ-साथ एक ज़िद भी चली आयी। अगले ही पल दूरी का अंदाज लगाकर, पोंचू

ने डाल पर पैरों से दबाव दिया। डाल स्प्रिंग की तरह लचक उठी। उसे संतुलन बनाने के लिए दाहिने झुकना पड़ा। अमरूद अब भी पकड़ में नहीं आया। वह घुटने मोड़कर फिर हल्का सा उचका...

इस बार हाथ अमरूद के कुछ और क़रीब पहुँच गया... लगभग छू ही लिया...

अगली लचक में पोंचू ने थोड़ा और ज़ोर लगाया, फिर अभी पिछली लचक का जोर भी डाल पर बाकी था, वह कुछ और ऊपर उचकी, इस बार अमरूद उसकी पकड़ में आ गया।

पहुँच से दूर लगते इस हरे-पीले स्वादिष्ट अमरूद को पाकर पोंचू के मन में ख़ुशी का सूरज उग आया। वह कुछ नीचे उतरा। एक डाल से टिककर संतुलन बनाते हुए उसने अपनी टी-शर्ट को पैंट के अंदर दबायी। एक

बैग सा बन गए। चार-पाँच अमरूद उसने टी-शर्ट में भर लिया। गदराये अमरूद को अपने पैंट से रगड़कर चमकाया। उसे खाते हुए वह अपने बरगद की ओर बढ़ गया।

अब उसकी चाल वैसी लस्तम-पस्तम नहीं रह गई। पाँवों से बंधे डम्बल कुछ हलके हो गये, लेकिन पेड़ की चुनौती जीत लेने के बाद बेचैनी की छाया फिर उसके मन पर लौट आयी। अचानक उसे क़दमों के सामने एक छोटा पत्थर दिखा। उसने पत्थर को पाँव से एक ठोकर मारी। मानों पत्थर को किक करके बेचैनी को उछाल देगा। कुछ क़दम में वह पत्थर के पास पहुंच गया।

उसने फिर ठोकर मारी-

एक!

दो!

तीन...

वह पत्थर को ठोकर पर ठोकर मारने का खेल खेलता आगे बढ़ने लगा। अगली ठोकर में यह पत्थर एक गुबरैले से जा टकराया। पत्थर किधर गया यह देखना छोड़ उसकी आँखें गुबरैले पर टिक गईं। वह घुटनों के बल बैठ गया। गुबरैला अपने पीठ के बिस्तर पर पड़ा है। उसके छहों पैर ज़मीन पाने की कोशिश में हिल रहे हैं।

मानों ख़ुद अपने को गिराने वाले को कह रहे हों -

मुर्दाबाद!

मुर्दाबाद!

'ओह! मैंने इसे पत्थर मार दिया। इसे चोट तो नहीं लग गयी?'

पोंचू की पीठ में कुछ दिन पहले स्कूल के मैदान में कस कर मारी गई टेनिस बॉल का दर्द उभर आया।

'पर गुबरैला तो वजन उठाने के हिसाब से दुनिया का सबसे ताकतवर जीव है। इसके पीठ का कवच भी कितना मजबूत होता है। शायद इसे उतनी जोर की चोट न लगी हो!' यह सोचकर पोंचू ने अपने मन को राहत देनी चाही।

वह देखता रहा, गुबरैले की-

जिंदाबाद!

मुर्दाबाद!

गुबरैला अपने पाँवों को हवा में भाँजता रहा और उसके पंख तेजी से हिलते रहे।

घुंन्न...
घुंन्न...
की आवाज़ सुनायी पड़ने लगी।

पंखों के लगातार चलने से गुबरैला गोल चक्कर काटने लगा। वह परेशान होता रहा पर पलट कर सीधा न हो सका।

उसे हिलते-डुलते देख पोंचू के मन से चोट की चिंता कम हुई।

'यह तो आराम से हिल रहा है। शायद इसे जोर से नहीं लगी। अगर इसे यों ही छोड़ दें तो क्या इसके दोस्त आकर इसे सीधा कर देंगे? या इसे और तंग कर के भागेंगे? कोई इसे लट्टू की तरह घूमा देगा तो कोई चपत लगा कर भाग जाएगा; जैसे उसके स्कूल में करते हैं।

बेचारा! कैसे सीधा होगा यह।'

उसने आसपास नजरें फिरायीं। कोई डंडी नहीं दिखी। पास पड़ा एक पत्थर हाथ में उठाया लेकिन फिर फेंक दिया। बड़ी मुश्किल से हिम्मत करके उसने अपनी ऊँगली आगे बढ़ाई लेकिन डर के मारे पीछे खींच ली। घुन्न... घुन्न... और तेज़ हो गयी-

घुन्न... घुन्न...

घुन्न... घुन्न...

घुन्न... घुन्न...

घुन्न... घुन्न...

शायद गुबरैला भी डर गया। इस बार उसने हिम्मत करके फिर अपनी ऊँगली बढ़ायी। उसने गुबरैले को हल्का सा धक्का दिया। वह सीधा हो गया। एक बार लड़खड़ाया, अपने पंख फड़फड़ाये फिर एक ओर बढ़ गया। जैसे कभी पलटा ही न हो। आगे बढ़ते हुए गुबरैला एक छोटी-सी बॉल जैसी दिखती चीज के पास गया और उसे धकेलते हुए आगे बढ़ने लगा।

'ओह! तो गुबरैले के पास उसकी गोबर की बॉल भी है। ओह...हो! आखिर मैंने गुबरैला और उसकी बॉल देख ही ली।'

पोंचू की ख़ुशी का ठिकाना न रहा। वह जाने कब से गुबरैला देखना चाहता था। जब नानी गाँव गये थे, तब मामा ने एक दिन उसे गुबरैला दिखाने के लिए कितनी मेहनत की थी। वे रात को गाँव के तालाब के किनारे गये। घनघोर अँधेरा था। मामा ने साथ लाई सफेद धोती एक झाड़ी में लटका दी और उसके नीचे एक टॉर्च लगा दिया। जाने कितने क़िस्म के कीड़े उड़ते-फिरते उस सफेदी पर दिखने लगे जैसे कोई फ़िल्म चल रही हो।

लेकिन
गुबरैला तब भी नही दिखा!

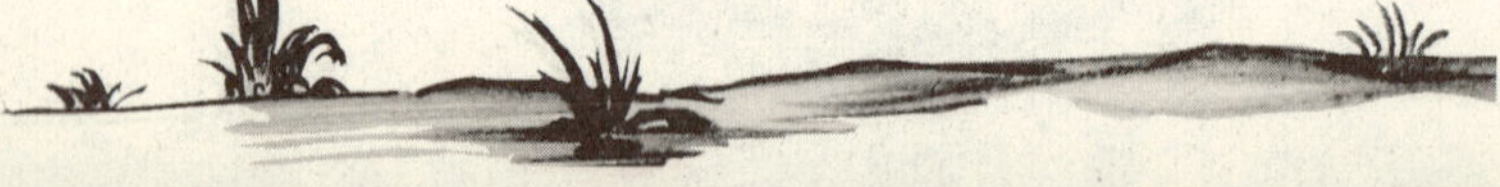

गीले-गीले गोबर की गोल-गोल बॉल।

गबलू गबलू गुबरैले की गोलू-मोलू बॉल।

पोंचू गुबरैले को देखता, गुनगुनाता रहा।

'वह इस बॉल को शायद अपने घर ले जा रहा होगा।'

उसने एक कार्टून में देखा था कि गुबरैला सिर्फ गोबर खाता है और गोबर की बॉल से अपना घर बनाता है। एक मुस्कुराहट उसके होठों पर चली आयी।

वह गुनगुनाने लगा:

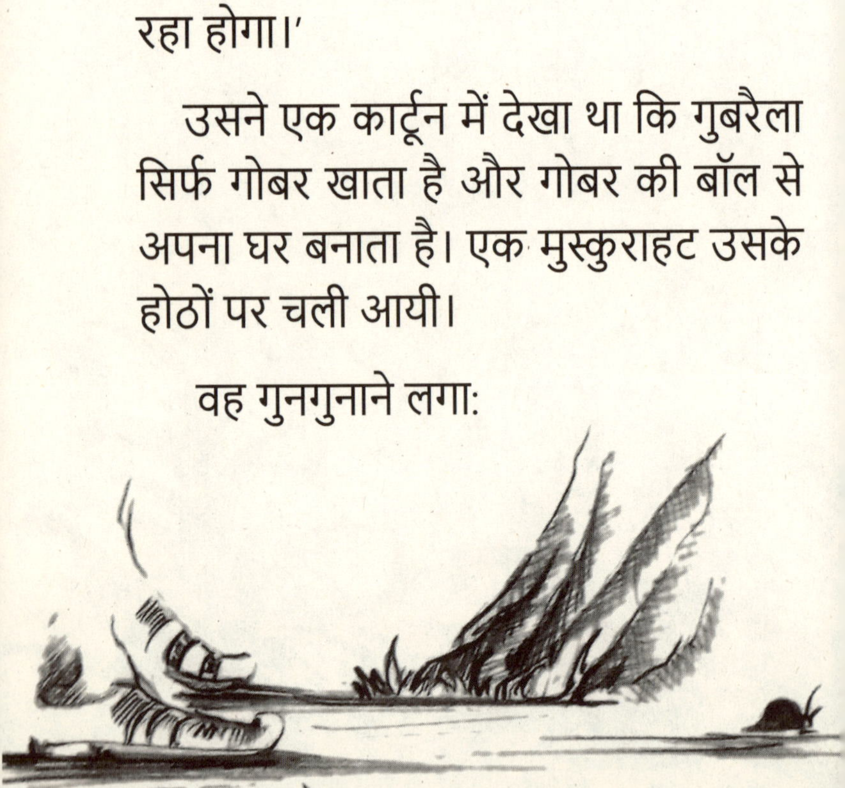

गुबरैला गोबर से घर बनाएगा
गोबर ही खायेगा
सबसे ताकतवर बन जायेगा।

यह मुस्कान पल भर में असमंजस में बदल गयी। वह बड़बड़ा उठा-

"हुंह! मम्मा कैसी-कैसी चीजें खाने को कहती हैं! सब्जियां खाओ, कड़वा करेला खाओ, दूध पियो, दाल पियो। यक्क! क्या ज़रूरत है इतना सारा और बेस्वाद खाने की। पिज्जा और बर्गर में भी तो सब्जियाँ होती हैं, पर वो नहीं खाने देतीं। आज कहूँगा उनसे, देखो... गोबर खा कर भी गुबरैला सबसे ताकतवर है,

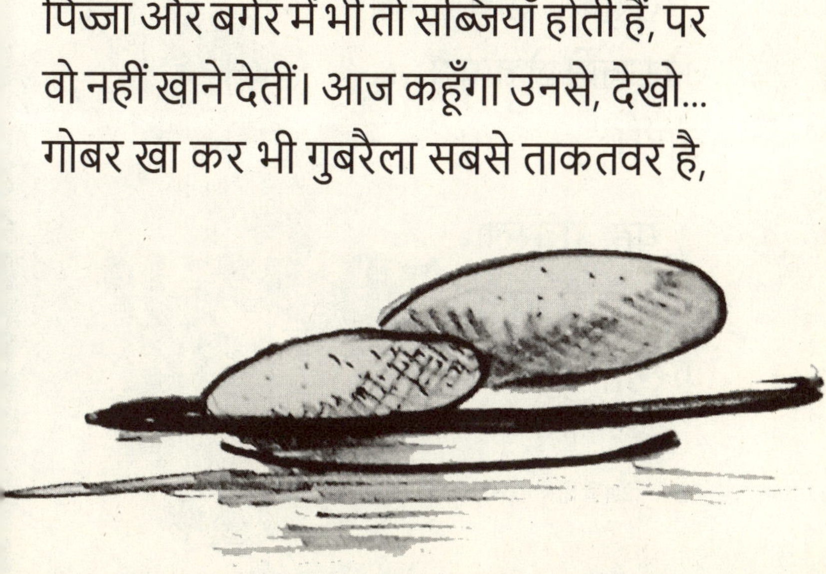

तो पिज्जा या बर्गर खा कर भी ताकतवर बन सकते हैं। आखिर उनमें सब्जियाँ होती हैं।"

उसकी नज़रें गुबरैले का पीछा करती रहीं।

'उँह, पर पता है मम्मा क्या कहेंगी! पहले तो हँसेंगी फिर कहेंगी- तो तुम भी गोबर ही खाना शुरू कर दो। तुम भी सबसे ताकतवर बन जाओगे।'

'कोई फ़ायदा नहीं, मम्मा से खाने खाने के बारे में कुछ कहने का।'

उसकी सोच मम्मा और खाने से वापस लौटी।

यह गुबरैला मुझे कैसे याद करेगा?

किसी देवदूत की तरह या किसी इंसान की तरह?

"न... मैं इसके लिए कोई राक्षस होऊँगा। एक बड़ा और विशालकाय राक्षस, जिसने इसकी मदद की। गुलीवर की तरह"

अपनी सोच में, गुबरैले की सोच की कल्पना करता, पोंचू अमरूद खाते हुए अपने बरगद की ओर बढ़ गया।

चींटों की चटनी

बरगद का पेड़ उनकी कॉलोनी के एक कोने में है। पोंचू के लिए यह पेड़ बड़ा अचरज भरा है। मोटी-मोटी जड़ें जमीन में और भारी-भारी शाखाएँ हवा में दूर-दूर तक फैली हैं। भारी शाखाओं से निकलकर हवा में लटकती जड़ें भी हैं। पोंचू और उसके दोस्त अक्सर हवा में लटकती इन जड़ों को पकड़कर झूला झूलते हैं। कुछ तो बढ़ते-बढ़ते जमीन में घुस गई हैं। इन्हें देखकर बताना मुश्किल है कि ये जड़ें हैं या तना। पेड़ ज़मीन से मामूली ऊँचाई पर तीन

मोटी शाखाओं में बंटा हुआ है। तीन शाखाओं के मिलने से बनी यह जगह पोंचू की आराम कुर्सी है। यह उसकी मनपसंद जगह है।

पोंचू बरगद की इस आरामकुर्सी पर आकर लेट गया। उसने अपनी बांह का तकिया बना लिया और लेटकर अमरूद खाता रहा। बरगद की पत्तियों के बीच से आसमान को

ताकते हुए यह अनुमान भी लगाता रहा कि इस अमरूद के खत्म होने तक पत्तियों के बीच से कितनी चीलें दिखेंगी?

उसने खुद से शर्त लगायी-पाँच!

बरगद से सटा एक आम और एक पीपल का पेड़ है। यूँ लेटकर चील ढूंढते हुए उसे अचानक आम के पेड़ पर पत्तियों के कई गुच्छे दिखे। गुच्छों की पत्तियां आपस में जाले से चिपकी हुई थीं। कुछ यूँ कि पत्तियों की बॉल-सी बन गयी थी। ऐसी बॉल उसने कहीं तो देखी है। पर याद नहीं आ रहा कि कहाँ? वह उतरकर आम के नज़दीक चला आया और लटकते हुए पत्तियों की बॉल को ध्यान से देखने लगा। बॉल की सतह पर ढेर सारे लाल चींटे टहलते दिखे।

'क्या यह इन चींटों का घर है?'

कॉलोनी में कुछ नये घर बन रहे हैं। वह दौड़ता हुआ गया। मजदूर इस बनते मकान के अपने घर में अपने काम में लगे हुए हैं। उसने नजरें दौड़ायीं तो कोने में पड़ा एक लंबा बांस दिखा। थोड़ी देर में इसे वापस रख देगा, यह कहते हुए वह बांस उठा लाया। बांस के सिरे पर एक डंडी फँसायी और उससे पत्तियों की वह बॉल तोड़ ली। नीचे गिरी बॉल के ऊपर चलते लाल चींटों में भाग-दौड़ मच गयी। इस भगदड़ में कुछ ही पल में इतने लाल चींटे निकल आये कि पत्तियों की हरी बॉल सुर्ख लाल चींटो की बॉल दिखने लगी। उसे विश्वास हो गया कि हो न हो यह लाल चींटों का घोंसला ही है।

वह दो डंडियों से पत्तियों को हटाकर अंदर देखने की कोशिश करने लगा। अंदर गुच्छे के गुच्छे चींटे और सफ़ेद अंडे भरे हुए दिखे।

वाह! तो यह चींटों का घोंसला ही है।

उसकी आँखें चमक उठीं। आखिर आज उसने पहली बार गुबरैला देखा और अब चींटों का घोंसला! वह कुछ देर देखता रहा फिर वापस अपनी बरगद की आरामकुर्सी में आकर लेट गया। उसका दिल बार-बार रोमांच से धड़कता रहा। चींटों के घोंसले के बारे में पहली बार सुन कर वह भौंचक्का रह गया था। चिड़ियों का घोंसला सुना है, पर चींटों का घोंसला? दरअसल उसने दंतेवाड़ा जाते हुए रास्ते में कटे कल्याण के बाज़ार में दोने में भरे चींटे देखकर पापा से पूछा था,

"पापा इसका क्या करेंगे? इसे क्यों बेच रहे हैं?"

" इससे खट्टी-मीठी चटनी बनती है।"

"चींटे की चटनी!"

वह यकायक कह उठा था,

"यक्क..."

इस पर मम्मा से डाँट भी खायी-किसी के खाने को कभी "यक्क" नहीं कहना।

उस दिन वह गाता रहा था-

"चार पत्ते के दोने में,
चींटे की चटनी,
चार लोगों ने चारपाई पर बैठ,
चाट-चाट कर खायी।"
"चार पत्ते के दोने में,
चींटे की चटनी,
चार लोगों ने चारपाई पर बैठ,
चाट-चाट कर खायी।"

उस दिन उसने पहली बार चींटों का घोंसला देखा। घोंसला तोड़कर चींटों और अंडों को पीपे में निकालते देखा, पीपे को हिलाते देखा, घबराकर चींटों को एक दूसरे को काटते देखा फिर इन्हें दोनों में भरकर बेचते भी देखा। एक दूसरे को काट - काटकर लस्त-पस्त पड़े चींटे। बाद में उसने चींटे की चटनी चखी भी-खट्टी और तीखी!

उसे चींटे पेड़ों पर चलते हुए अच्छे लगते हैं। सुंदर दिखते हैं। चमकते लाल-लाल चींटे! पर कितने खतरनाक!

एक बार लाल चींटे ने उसकी उँगली में काट लिया था। उँगली लाल होकर फड़कने लगी थीं। मम्मा ने गोद मे लेकर कितनी तो चुम्मियां दीं, बर्फ लगायी थीं। बताया था कि दूर जंगलों में जहां डॉक्टर, हॉस्पिटल नहीं होते, वहाँ बुखार आने पर इन्हीं चींटों से कटवाते हैं।

"उफ्फ!"

अब भी बुखार से ज्यादा इन चींटों के काटने के दर्द की कल्पना पोंचू को सिहरा देती है। लाल चींटों को देखकर उसकी यादें ताज़ा हो गयीं। उन अनजान लोगों के लिए उसका दिल फिर भर आया।

पोंचू बरगद की आरामकुर्सी पर लेटकर, आम के पेड़ पर लाल चींटों का घोंसला देखते हुए सोचने लगा कि बड़ा होकर वह डॉक्टर बनेगा और मम्मी-पापा के साथ इन्हीं गाँवों मे रहेगा। वह जागते हुए सपना देखने लगा कि किसी बच्चे को बुखार है। उसे लाल चींटों से कटवाने की तैयारियाँ चल रही हैं। ठीक उसी समय वह पहुँच गया। उसने उन्हें बच्चे को लाल चींटों से कटवाने से रोक लिया। डॉक्टर आंटी की तरह संतरे के स्वाद वाला यम्मी सिरप पिलाया और कुछ ही देर में बच्चे का बुखार उतर गया।

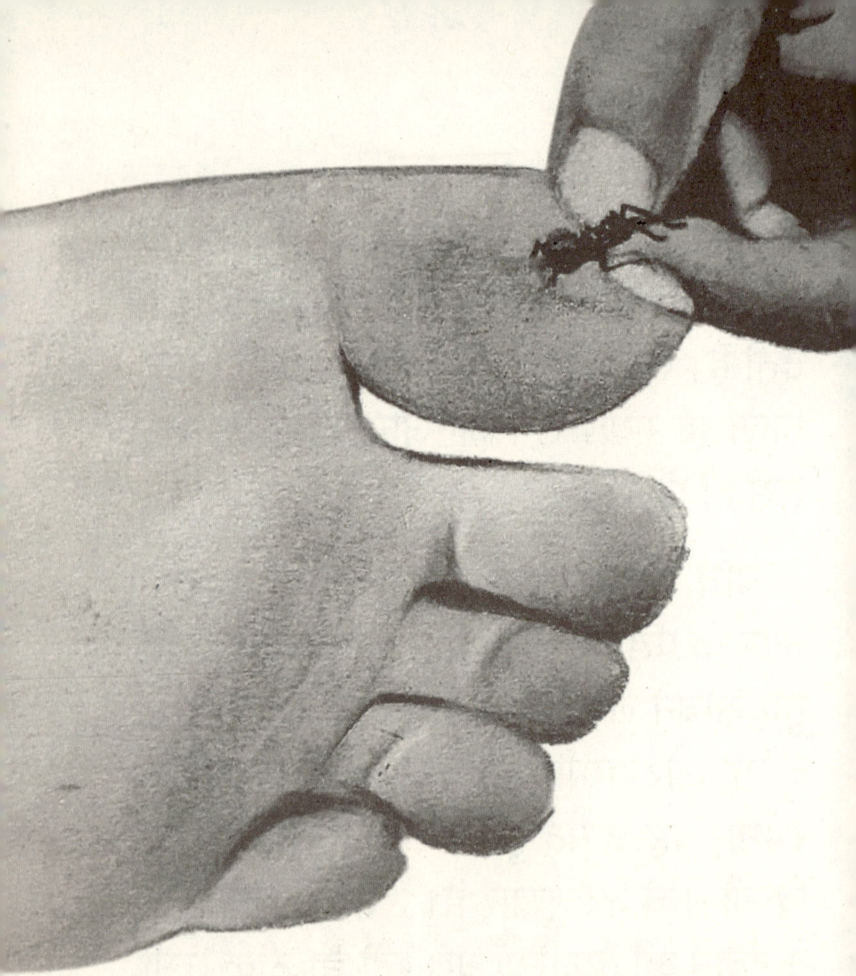

अचानक पोंचू को बरगद की ऊँची डाली से लाल चींटों की एक कतार मार्च पास्ट करती नीचे उसी की ओर आती दिखी। मानो वे सारे अपने एंटीने उठाकर उसी की ओर इशारा करते बढ़े चले आ रहे हैं:

इसी ने...

इसी ने हमारा घर तोड़ा है...

इसी ने...

पोंचू उठ कर भागना चाहा, पर यह क्या? वह भाग नहीं पा रहा। वह तो हिल तक नहीं पा रहा!

"क्या करे?"

चलते-चलते चींटों की कतार उस तक आ कर थम गई। कतार से निकल कर एक चींटा उसके पैरों पर चढ़ने लगा। चींटे के हाथ में लाल रंग का झंडा है। वह उसके दाहिने पैर के अंगूठे की टिप पर आ खड़ा हुआ।

पोंचू अपने पैर को ऊपर उठा कर हाथ के पास लाया और हाथ को उठाकर पैर के पास ताकि वह अपनी उंगलियों और अंगूठे की चिमटी से चींटे को हटा सके, लेकिन हवा में

उठे हाथ-पैर उठे ही रह गये। उसकी आँखें फटी की फटी रह गईं। उसके सामने लाल दानव चींटा खड़ा था, जो ख़ुद उससे भी बड़ा था। उसके खतरनाक जबड़े चल रहे थे-

शक्क...

शक्क...

शक्क...

इन जबड़ों की पकड़ में वह कभी भी आ सकता था।

चींटा इतना बड़ा कैसे हो गया? उसे यह सोचने का वक्त ही नहीं मिला। चींटे से बचने के लिए वह पेड़ से कूदने के लिए खड़ा हुआ। लेकिन डालियों की आरामदायक कुर्सी पठार-सी मीलों फैली दिखी। वह कूदने के लिए दौड़ने लगा। उसे सीधे भागते रहने के

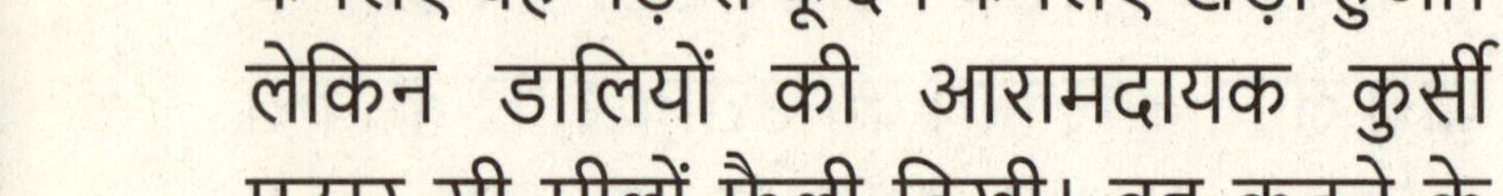

अलावा कोई और चारा नज़र नहीं आया। लेकिन उसके सिर्फ दो पैर और चींटे के छह! डर के मारे उसका दिल जोरों से धड़कने लगा- जैसे सीना फाड़कर बाहर आ जायेगा।

"आज तो मैं गया। अब नहीं बचूँगा। समझ नहीं आ रहा कि कहाँ फँस गया? जिस पेड़ से चुटकी बजाते कूद लेता था, वह कहाँ चला गया?

आगे उसे तेज ढालान दिखने लगी। जिसके आगे गहरी खाई है। चींटा अपने धारदार जबड़ों से चटकारे लेने के लिए उसके पीछे आ रहा है-

शक्क...

शक्क...

शक्क...

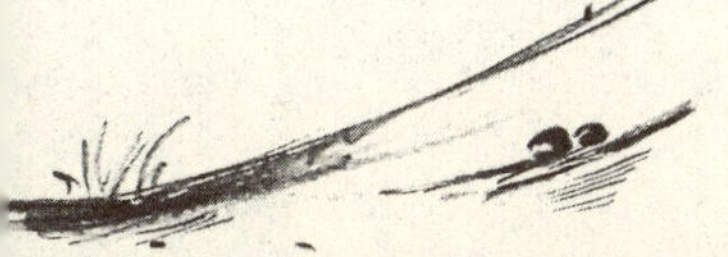

क्या करे वह? कहाँ जाए? इतनी गहरी खाई में कूदने से तो एक हड्डी साबुत नहीं बचेगी। हर पल चींटा उसके नज़दीक आ रहा है। वह कगार पर आकर ठिठक गया। पीछे पलटकर देखा तो पेड़ से टूटकर एक बड़ी-सी लाल चट्टान चींटे के आगे गिरती दिखी। उसे समय मिल गया। पर आगे कुआँ-पीछे खाई! खाई में कैसे कूदे। न कूदे तो क्या चींटे के जबड़े में चला जाये? एक दिन इस चींटे को अपनी चटनी बनाया था; आज खुद को उसकी चटनी बन जाने दे? आखिर कैसे बचे? पोंचू अकबकाया-सा चींटे को देखता खड़ा रह गया। दोनों के बीच की दूरी लगातार घटती रही, चींटा तेज़ी से पास आता रहा...

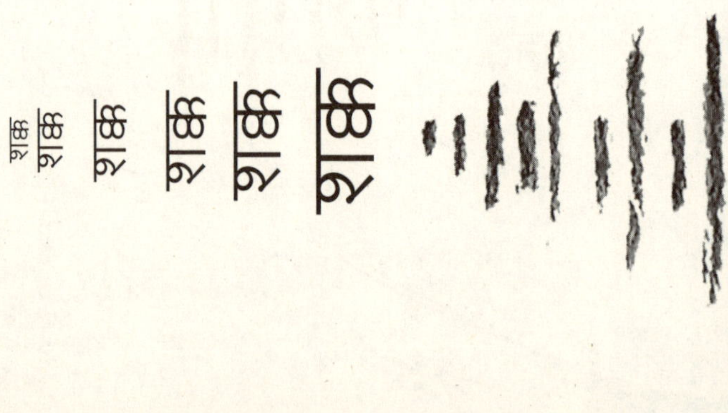

तित्तू की सवारी

"जल्दी करो! मुझ पर बैठ जाओ!"

पीछे से एक आवाज़ आई। उसने मुड़कर देखा।

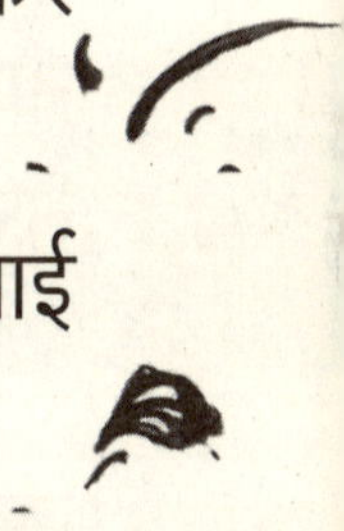

एक बहुत बड़ी तितली दिखी, सामने खाई की कगार पर बैठी हुई।

"जल्दी करो! बैठो! मेरे एंटीना को कस कर पकड़ लो," तितली ने फिर से कहा।

वह तेजी से तितली के ऊपर चढ़ गया। अपने पैर उसके दोनों ओर डालकर बैठ

गया, जैसे घोड़े पर बैठा हो। दोनों एंटीने हाथों में थाम लिये, जैसे लगाम हों। तितली ने नारंगी-काले मखमली पंख फड़फड़ाए और उसे बैठाये आसमान में उड़ गयी।

पोंचू ने मुड़कर देखा। चींटा अपने खाली जबड़े मसलते खड़ा दिखा। शिकार हाथ से निकल जाने का मलाल उन जबड़ों में साफ दिखा। उसकी साँस में साँस आयी। उसने कहा-

"आपका बहुत-बहुत धन्यवाद नन्हीं तितली! तुमने मुझे बचा लिया।"

तितली हँसी। पोंचू ने अपनी जीभ काट ली। जो तितली उसके लिए, हमेशा नन्हीं तितली हुआ करती थी, आज वह उसी तितली के ऊपर बैठकर, उसे नन्हीं तितली कह रहा है। उसने अपनी घबराहट पर काबू पाते हुए कहा,

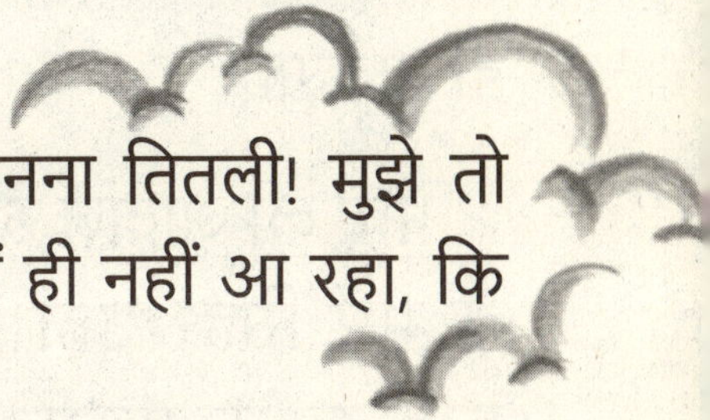

"ओह! बुरा मत मानना तितली! मुझे तो ठीक से कुछ समझ में ही नहीं आ रहा, कि हुआ क्या है?"

"मेरा नाम तितली नहीं तित्तू है। तुम इंसान तो हम सबको तितली ही कह देते हो, पर हमारे भी अलग-अलग नाम हैं; ठीक तुम्हारी तरह। वैसे तुम्हारा क्या नाम है? तुम इन्सान होकर इतने छोटे कैसे हो गए?"

चींटा विशालकाय नहीं था, बल्कि वही छोटा हो गया है; यह समझ आते ही उसकी घबराहट एकदम से बढ़ गयी। उसने हड़बड़ाते हुए कहा,

"मेरा नाम पोंचू है। मुझे कुछ समझ ही नहीं आ रहा कि मैं छोटा कैसे हो गया? मैं कहां हूँ? घर कैसे जाऊँगा? पहले जैसा कैसे हो पाऊँगा?"

पोंचू की आवाज़ रुआँसी हो आई। वह डर के मारे सिहर उठा। चिंता किसी चील की तरह उस पर मंडराने लगी।

"डरो नहीं! डरना किसी समस्या का समाधान नहीं है। शांत हो जाओ। जल्दी ही कोई राह निकल आएगी।" तित्तू ने उसे ढाढस बंधाया।

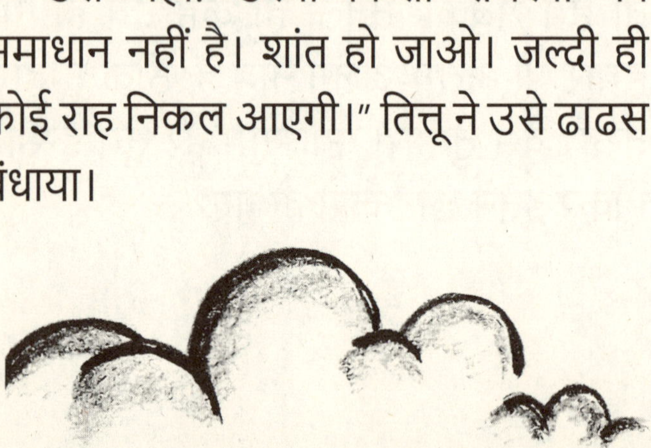

"तित्तू! क्या आप मुझे मेरे घर तक छोड़ सकती हो। मुझे तो समझ ही नहीं आ रहा कि मैं घर तक कैसे पहुँचूँगा?" पोंचू ने अपने भय पर, अपनी हड़बड़ाहट, घबराहट पर काबू पाते हुए कहा।

"चिंता मत करो। मैं तुम्हारे घर ही ले जा रही हूँ।"

तित्तू की बात सुनकर आश्चर्य में पड़ते हुए, पोंचू खुशी से खिल गया।

"तो तुम जानती हो मेरा घर?"

"हाँ! तुमने अपनी बालकनी में फूल लगा रखे हैं न। मैं अक्सर तुम्हारी बालकनी में आती हूँ। मैं कल भी तुम्हारी बालकनी में आई थी। तुमने मुझे पकड़ने की कोशिश भी की थी।"

पोंचू को याद आया। हाँ! उसने नारंगी-काली तितली अपनी बालकनी पर कई बार

देखी है। कल जब तितली बालकनी के फूलों पर बैठी थी, तो वह परदे के पीछे छुपकर, उसे देखता रहा था। चुपके से पकड़ने की कोशिश की थी पर तितली उड़ गयी थी।

अच्छा हुआ कल तितली उसकी पकड़ में नहीं आई, वरना आज उसे कौन बचाता! कल जब वह बालकनी से तितली को बाय कर रहा था। तब उसने यह भी सोचा था कि, काश वह ऐसी ही तितली होता! तो नीले आसमान में उड़ता-फिरता। उसने कभी सपने में भी नहीं सोचा था कि एक दिन उसे इसी तितली के ऊपर बैठकर जान बचाने के लिए उड़ना पड़ेगा। दुःख और भय से पोंचू की आँखों में आँसू आ गये। तित्तू का एंटीना थामे हुए पोंचू तित्तू के मखमली पंखों के फैलाव को आँखों से देखता रहा।

तित्तू के पंखों के किनारों पर खूब सारे M लिखे दिखे। सफेद काले लहराते रिबन रखे दिखे। तित्तू के इन कोरे रिबनों पर अनुभव की कितनी तो इबारतें लिखी हुई हैं। जिनकी पोंचू को कोई जानकारी नहीं।

"तित्तू तुम मुझे घर की बालकनी तक तो पहुँचा दोगी, पर मैं कैसे बता पाऊँगा कि मैं यहाँ हूँ? मैं तो इतना छोटा हो गया हूँ कि वो मुझे देख भी नहीं सकेंगे।"

पोंचू ने मारे दुःख के अपनी आँखें बंद कर लीं। उसकी आँखें आँसू से डबडबा आयीं। उसने मारे दुःख के अपनी आँखें बंद कर लीं। और तेज़ हवा के चलते कानों तक बह आये। तभी उसे झटका लगा।

एक भयानक काली चिड़िया उनकी ओर झपट्टा मारते दिखी। तित्तू ने अचानक अपने पंख बंद कर नीचे की ओर गोता लगाया। चिड़िया का वार खाली चला गया।

"उफ! ये बुलबुल। इसे नहीं पता कि मुझे नहीं खाना है। बड़ी मुश्किल आ गयी" तित्तू की आवाज़ में भय की झलक साफ सुनाई पड़ी।

पोंचू के मन में प्रश्न का बुलबुला फूटा- तित्तू को क्यों नहीं खाना चाहिए। इतनी ही देर में बच्ची बुलबुल ने फिर से झपट्टा मारा तित्तू ने नब्बे डिग्री का कोण काटा। तेज झटके से पोंचू के दोनों पैरों की

पकड़ छूट गई। वह एंटीना पकड़े हवा में लटक गया।

तेज फड़फड़ाती हवा उसे पीछे धकेलने लगी। वह कुछ देर तो लटका रहा पर फिर हवा के जोर से एंटीने से उसकी पकड़ छूट गई। पोंचू नीले आसमान से नीचे गिरने लगा। हवा उसके कानों में सनसनाने लगी। नीचे गिरते हुए उसने देखा बुलबुल का बच्चा फिर तित्तू पर झपट रहा है।

तित्तू बुलबुल के बच्चे के हमलों से बचते-बचते थकने लगी। उसके उड़ने में, मुड़ने में, बचने में पहले जैसी तेजी नहीं रह गयी। वह उसके बेहद नज़दीक आ पहुँचा। तभी माँ बुलबुल आयी। उसने बच्चे को डाँटते हुए दूसरी दिशा में मोड़ दिया,

"बुग्गी रुक जा! नज़र हटी नहीं कि तुम्हारी शैतानी शुरू हो जाती है। सुनते ही नहीं हो। इस तितली को नहीं खाना है। इसे ठीक से

पहचान लो। मम्मा की बात सुना करो। वरना चिड़ियों के हॉस्पिटल ले जाकर तुम्हारे पंख कटवाने पड़ेंगे या मैं कोतवाल को कह दूंगी कि तुम्हें पकड़ कर ले जाए। समझ गये?"

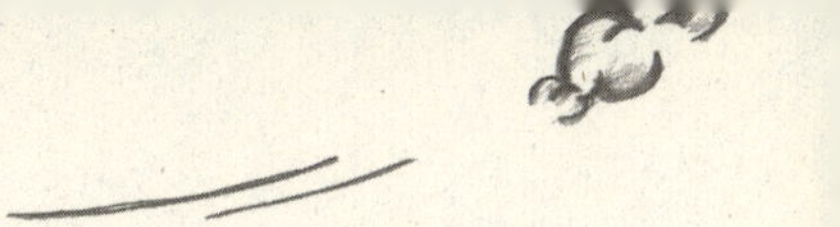

"क्यों मम्मी? क्यों नहीं खाना है इसे?"

बुग्गी पर डांट का कोई खास असर नहीं पड़ा। उसने तित्तू पर झपट्टा मारना बंद जरूर कर दिया, पर अपने मन में उठते प्रश्नों की तरह उछलता कूदता ही रहा।

"ऐसी नारंगी-काली तितलियाँ जहरीली होती हैं। इन्हें खाने से तबीयत खराब हो सकती है। समझे?"

बुग्गी समझ गया। बुलबुल माँ बच्चे को समझाते हुए झारुल के पेड़ पर जा बैठी। बच्चे के मन में माँ से मिले उत्तर की चीर-फाड़ जारी रही। उसने प्रश्नों की बौछार शुरू कर दी।

"क्या आपने इसे कभी खाया है?"

"नहीं!"

"तो आपको कैसे पता चला कि ये जहरीली है?"

"तुम्हारी नानी ने बताया था।"

"नानी ने खाया था इसे?"

"मैंने या नानी ने तो इसे कभी नहीं खाया बेटा! पर नानी बताती हैं कि तुम्हारी मौसी ने थोड़ा सा खा लिया था। वह पूरे दिन बेहोश रही। अभी तुम्हें जानना है कि हमें कौन सी चीजें खानी हैं और कौन सी नहीं। पहले अपनी दुनिया को समझना ज़रूरी है, तब तुम खुद से शिकार कर सकोगे।"

माँ बुलबुल ने बुग्गी के बालों को अपनी चोंच से संवारते हुए कहा। बुग्गी माँ के परों में दुबकने लगा।

तित्तू ने चैन की साँस ली। सही समय पर आकर माँ बुलबुल ने बचा लिया। धड़कता दिल और धौकनी से चलती साँसों के साथ तित्तू एक झुरमुट में बैठ गयी।

डर दूर हुआ, साँसें थिराईं तो उसे पोंचू की याद आई। वह हड़बड़ा कर इधर-उधर देखने लगी।

"पोंचू कहाँ चला गया? नीचे गिरते हुए पोंचू को कहीं बुलबुल ने खा तो नहीं लिया?"

पोंचू की याद से उसका धड़कता दिल भर आया। वह बेचैन और दुःखी हो गयी।

पत्ती की गाड़ी

पोंचू की पकड़ जैसे ही एंटीने से छूटी, वह हवा में अजीब तरीके से अल्टी-पल्टी मारता नीचे गिरता गया। आसमान से गिरते हुए उसे लगा जाने कब से नीचे गिर रहा है, जाने कब तक नीचे गिरता रहेगा। जब गिरेगा तो ज़मीन से टकराते ही उसकी हड्डियां चूर-चूर हो जाएंगी। इस बार तो वह बिलकुल नहीं बचेगा। तभी हवा पीली भूरी-सी ज़मीन उसके नीचे ले आयी। ज़मीन के एक कोने को उसने कस कर पकड़ लिया।

लेकिन यह कोई ज़मीन नहीं बल्कि पीपल का सूखा पत्ता निकला। अब उस पत्ते की डंडी पोंचू के हाथ में थी। हवा के झोंके से पत्ते की डंडी ऊपर की ओर मुड़ गई। हवा में तैरती पत्ती ऊपर की ओर उड़ चली। पोंचू ने खुद को ज़मीन से ऊपर और ऊपर जाते देखा। उसकी साँस अटक गई। उसने पीपल की पत्ती की डंडी को नीचे की ओर मोड़ने की कोशिश की। हवा ने अचानक अपनी दिशा बदली। अब पत्ती किसी रनवे पर लैंडिंग के लिए तैयार हवाई जहाज की तरह नीचे जाने लगी। नीचे सड़क दिखाई पड़ी। पोंचू का

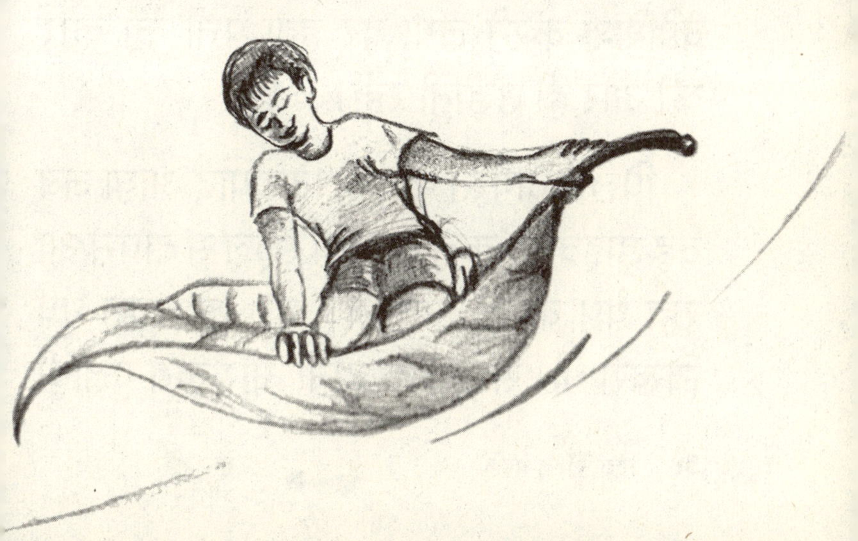

दिल ख़ुशी से धड़का। पैरों के नीचे ज़मीन मिलने की आशा जागी। उसने पत्ती के डंठल को कसकर थाम लिया। उसे नीचे की ओर मोड़ते हुए सड़क पर किनारे उतरने की कोशिश करने लगा। तभी सामने एक लाल कार आती दिखी। पत्ती पर सवार वह नीचे को बढ़ता गया, कार उसकी ओर आती रही। पोंचू डर के मारे चीख़ पड़ा:

अब तो गया!
कार उसकी चटनी बना देगी!
उसका कचूमर निकाल देगी!

वह पत्ती को दूसरी दिशा में मोड़ने की कोशिश करने लगा पर हवा पत्ती को कार की ओर ही उड़ाती रही।

पिछले अगस्त का वह दिन याद आया जब वह ड्राइवर अंकल के साथ स्कूल से वापस आ रहा था। कार काफी तेज़ थी। खुशनुमा धूप बिखरी थी। सड़क के दोनों ओर ख़ूब गुलाबी

कनेर खिले हुए थे। बहुत सी तितलियाँ उड़ रही थीं। अचानक ठक की आवाज़ आई। कार की सामने की स्क्रीन पर बीट गिरी। एक दो तीन चार.... जब लगातार ऐसा हुआ तो पोंचू का दिमाग़ ठनका। क्या चिड़िया कार पर बीट करने के लिए ही कार के साथ-साथ उसके ऊपर उड़ रही हैं? फिर अचानक उसे अहसास हुआ कि ये तो तितलियाँ हैं जो कार के शीशे से टकरा कर चिड़ियों की बीट की तरह फ़ैल जा रही हैं। उसका दिल भर आया। उसने तुरंत कार की स्पीड कम करायी। स्पीड कम होते ही वे टकराने की बजाय बचकर उड़ने लगीं। आज वह खुद ही कार के शीशे पर बीट की तरह फैल जाने के खतरे में आ फँसा। वह पत्ती के डंठल को पूरी शक्ति से ऊपर खींचने लगा। कार के आने से हवा ऊपर की ओर उठी। साथ उठी पत्ती वह कार से टकराने से बाल-बाल बच गया। कार सर्र से आगे निकल गई। कार के गुजरने से

चली तेज़ हवा की आँधी ने उसे उड़ा दिया। यहाँ तो वह पत्ती से भी छोटा है और पत्ती के ही आसरे है। उसने हाथों से पत्ती के डंठल को कस कर पकड़े रखा, पैरों को आपस मे फँसा लिया। पत्ती उलट-पुलट होती सड़क से दूर चली गई। यूँ भी सड़क पर उतरना खतरे से खाली नहीं है। अभी-अभी के अनुभव से उसे इसका प्रमाण मिल ही चुका है। हवा धीमी हुई तो वह डंठल को स्टीयरिंग की तरह सँभालते हुए, पत्ती पर काबू पाने की कोशिश करने लगा। स्टीयरिंग हिला कर पत्ती को ऊपर-नीचे-दाएं-बाएं तैराने लगा। वह उतरने की सही जगह तलाशने लगा, मानो निंबस 2.0 में बैठकर सुनहरी बॉल ढूंढ रहा हो। जैसे क्विडिच खेल रहा हो।

उसकी नज़र जहाँ तक गयी पूरी ज़मीन हरी दिखाई दी। उसने सोचा हो सकता है यह अपार्टमेंट के सामने का लॉन हो।

हवा ने भी उसका साथ दिया। वह लॉन तक पहुँच तो गया, लेकिन न उसकी लैंडिंग आसान होनी थी, न हुई। पत्ती जब पर्याप्त नीचे आ गई तो उसने पत्ती का लीवर ऊपर उठाया। पत्ती पोंचू को लिये-दिए हुए पेड़ों जैसी हरी घासों के ऊपर फिसलने लगी, फिसलती ही गयी...। लेकिन लॉन में खड़ी घास ने पत्ती को रोक लिया। पोंचू को एक ज़ोरदार झटका लगा और यह झटका इतना तेज़ था कि उसके हाथ से पत्ती की डंडी छूट गई। पत्ती तो रुक गई लेकिन पोंचू उछलकर आगे जा गिरा।

लॉन का जंगल

पोंचू गिरते ही हरे पेड़ों की शाखाओं से टकराया, जो दरअसल घासों की पत्तियाँ थीं। फिर पत्ती से दूसरी पत्ती की ओर लुढ़कते हुए धम्म से ज़मीन पर जा गिरा। भीगे पेड़ों से गिरते हुए वह भी भीग कर सराबोर हो गया। दर्द की तीखी लहर उसके सिर से पैर तक दौड़ गई। अपना होश-ओ-हवास संभालकर उठा ही कि अचानक किसी ने बाल्टी भर पानी उसके ऊपर डाल दिया-

छपाक!

सूरज निकलने से घास पर जमी ओस पिघलने लगी थी। और बाल्टी भर पानी नहीं घास की टिप से ओस की बूंद टपकी है। वह बेबस भीगा खड़ा रह गया फिर धीरे-धीरे ख़ुद को सँभालने लगा। उसने स्थिति को समझने की कोशिश शुरू की- ये जो लंबे-लंबे पेड़ हैं; ये जरूर लॉन की घासें हैं। घास ओस से गीली है। जिसने उसे भी गीला कर दिया है।

'वह लॉन में गिरा है' यह तो वह समझ गया लेकिन लॉन में किस जगह है और बाहर निकलने के लिए किस तरफ़ चलना चाहिए यह उसे समझ नहीं आया। यह उसे समझ नहीं आ रहा था। उसने ध्यान से अपने आसपास देखा। घास के पेड़ों की फुनगी पर धूप है, लेकिन जमीन तक नहीं पहुँच रही। सूरज तो घर से सामने की दिशा से निकलता है। अगर अभी वह देख पाता तो पेड़ों की छाया जिस दिशा में पड़ रही है, उसी दिशा की ओर बढ़ते हुए घर पहुँच सकता है। पर घास के

घने जंगल में एक-दूसरे से गूंथी छायाओं से सूरज की दिशा का अनुमान लगाना मुश्किल लगा। जंगल के घने होने के कारण सूरज की रोशनी का ही जमीन तक पहुँचना मुश्किल था।

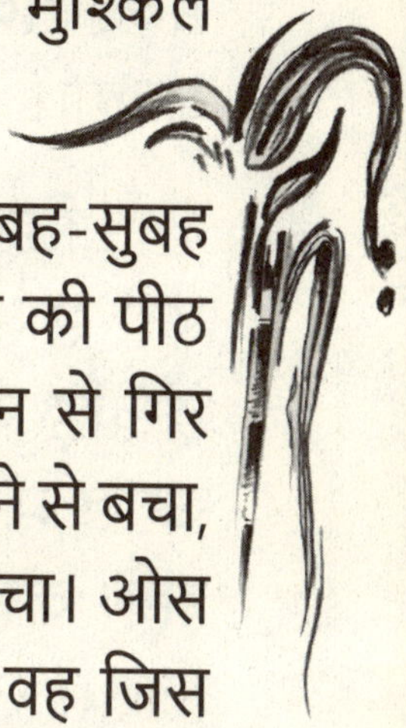

पोंचू परेशान हो उठा। वह सुबह-सुबह चींटे जितना छोटा हो गया। तितली की पीठ पर बैठ कर बचना पड़ा। आसमान से गिर गया। कार से टकरा कर चटनी बनने से बचा, किसी तरह कार के नीचे दबने से बचा। ओस की ठंडी बूंदों से भीग गया। सुबह वह जिस लॉन को अपने पैरों से रौंदते हुए बरगद के पेड़ तक पहुंचा था, वही लॉन अब उसे घना जंगल लग रहा था। वह घासों के उसी घने जंगल में भटक गया है।

इस घने जंगल से गुजरते हुए उसका दिल धड़कने लगा, नशों में ख़ून नहीं भय दौड़ने लगा। वह डर व थकान से पस्त और ठंड से ठिठुर उठा फिर भी उसका दिमाग़ एकदम

सजग है। उसके दिल के किसी कोने में साहस भरा रहा अंततः वह यह सोचकर बायीं दिशा में बढ़ गया कि जहाँ मदद मिलेगी, वहाँ से मदद लेकर वह किसी तरह घर तक पहुंच जाएगा।

ठिठुरती रात की ठंड भरी ओस की बूंदों से उसके दांत किटकिटाने लगे। झाड़-झंखाड़ से भरे, घास के इस उबड़-खाबड़ जंगल में चलने में बहुत परेशानी पेश आती रही। कहीं ठोस जमीन तो कहीं सूखी घास जिसमें उसके पैर धंस-धंस जाते। कहीं तो वह खुद ही गड्ढे में गिर-गिर जाता।

वह कुछ दूर ही चला कि उसे एक चमकीला हरा-नीला सा एक दैत्याकार जीव मिला। उस समय वह एक गड्ढे से निकलने की कोशिश में था। वह रुक सा गया। घास के डंठल की ओट में यह सोचते हुए छिप गया कि अभी बाहर निकले या यहीं गड्ढे में रहना सुरक्षित रहेगा? लेकिन उस ज्वेल बग ने उसे

देख लिया। वह पोंचू को थोड़ी देर देखता रहा फिर बोलाः

"कौन हो?"

"पहले तो कभी नहीं देखा!"

"तुम दिखते तो इंसानों की तरह हो पर इतने छोटे?"

"यहाँ क्यों आये हो?"

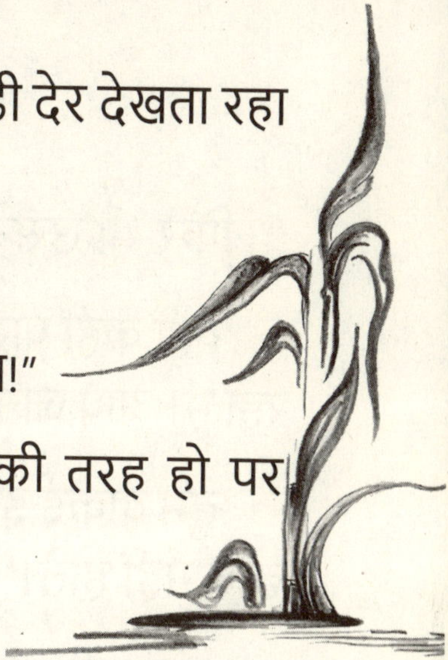

प्रश्नों की इस बौछार के साथ उसने अपना पांव उसकी ओर बढ़ाया। आवाज़ में मित्रता का पुट पाकर उसने भी मिला सहारा थाम लिया और गड्ढे से बाहर निकल आया।

"घर कहाँ है तुम्हारा?"

प्रश्नों की झड़ी के बीच वह क्या बताए कि उसे या उसके किसी परिचित को कल पूरी सुबह वह माचिस की डिबिया में लिए घूमता रहा था।

फिर भी उसने बड़ी आस से उससे पूछा,

'यहीं कहीं पास ही है। मैं भी अपना घर ढूंढ रहा हूं। आप जानते हैं कि इंसान कहाँ रहते हैं?'

'तुम वाकई इंसान हो क्या? इंसान तो इतने छोटे नहीं होते।'

उत्तर की जगह एक प्रश्न ही मिला। पोंचू को जितना समझ आया था कि क्या हुआ! उतना उसने ज्वेल बग को बताया और फिर से पूछा,

'मेरा घर एक अपार्टमेंट में है। क्या आप जानते हैं कि वह किस ओर होगा?'

'अपार्टमेंट क्या अपार्टमेंट!'

अपने एंटीने हिलाते हुए एक और प्रश्न ज्वेल बग ने उछाला।

'इंसानों का बहुत ऊँचा घर।'

'इंसान तो कहीं से भी आ जाते हैं। कहाँ रहते हैं यह तो मुझे नहीं पता। हाँ हमारे घर जरूर तोड़ जाते हैं। अगर पता होता कि तुम इंसान हो तो शायद मदद भी नहीं करता। उंह! खैर... तुम खुद ही मुश्किल में फँसे हुए हो तो और क्या कहूँ।'

ज्वेल बग अपनी भड़ास निकालने लगा। पोंचू चुपचाप आगे बढ़ गया।

अब थोड़ी-थोड़ी दूरी पर उसे कोई मिल जाता, जो उसे अपरिचित पाकर प्रश्नों की बौछार कर देता। पहले ज्वेल बग मिला, फिर एक गंधर्रा कीड़ा, जिससे टकराते-टकराते हुए बचा। गंधर्रे ने उसे देखते ही ऐसी बदबू छोड़ी की वह बेहोश नहीं हुआ यही गनीमत रही। कीड़ों का एक पूरा परिवार भी मिला, जो एक खंजन चिड़िया के आक्रमण से बच-बचाकर थका-हारा और छिपा दिखा। उसे ऐसा कोई नहीं मिला जो उसकी मदद कर सके। जो मिलता उससे पूछता-

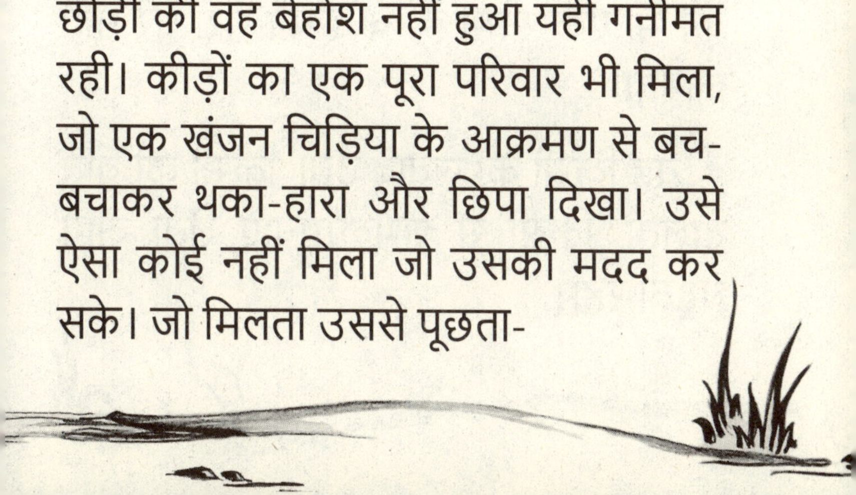

"कौन हो?"

"पहले तो कभी नहीं देखा!"

"यहाँ क्यों आये हो?"

उसे पापा की बहुत शिद्दत से याद आयी। वो हमेशा कहते हैं,

"अपने आसपास के प्रति हमेशा सजग रहना चाहिए।"

इतने नन्हे कीड़े। कैसे-कैसे भुनगे। कितने रंगीन, और कितने गोलमटोल, कैसे फुर्तीले। इन्हें कभी ध्यान से देखा ही नहीं। लेकिन इन से मिलकर लगता है कि ये अपने आसपास के प्रति कितने सजग हैं। पर उनकी सजगता की भी एक सीमा है। कोई भी मेरा घर नहीं जानता!

वह किसी को जवाब देता, किसी की बात टालता, किसी से शुभकामनाएँ लेता आगे बढ़ता रहा।

जितनी परेशानी इस जंगल में चलने से हो रही है उससे अधिक ठंड के मारे हाथ पैर जमने से होने लगी। उसकी उंगलियों में ठंडी सुइयाँ चुभने लगीं। उसके पैर उठने से इनकार करने लगे। वह भीगकर तर-बतर हो चुका है फिर भी सारी ताक़त बटोरकर आगे बढ़ता रहा। उसे किसी तरह जल्दी घर पहुँचना है।

अचानक शीत की चुभती बर्छियाँ भोथरी होने लगीं। जंगल की ठंडक सुखद गर्माहट में बदलने लगी। वह आगे बढ़ता रहा। धीरे-धीरे जंगल कम घना होने लगा। आसमान दिखने लगा, पर आसमान बादलों से भरा है। अब सूरज से दिशा का पता लगाना संभव नहीं। सामने आसमान में हरी छतरी तनी हुई दिखी। उसे आस जगी। वह यहीं रुक जाएगा। जब सूरज बादलों से बाहर निकलेगा तब परछाई से दिशा का अंदाज़ लग जायेगा। पर जब वह नज़दीक आया तो उसे अहसास हुआ कि वह

इतना छोटा है कि छाया में रह तो सकता है पर छाया देख नहीं सकता।

यह हरी छतरी लॉन के किनारे का पेड़ होगा। पोंचू ने अनुमान लगाया कि वह घर की ओर ही बढ़ रहा है। दरअसल पेड़ के कारण वहाँ घास में ओस नहीं गिरी थी, इसलिए घास में जमीन की गर्माहट थी। उसे जमीन मम्मा की गर्म-नर्म गोद जैसी लगी। वो फिर से नयी ऊर्जा पाकर बढ़ने लगा।

घास में चलते हुए एक सुरंग सी अँधेरी जगह आ गई। वह हिम्मत बाँधे चलता गया। आगे अँधेरा गहराता गया, इतना कि हाथ को हाथ दिखाई देना बंद हो गया। वो डरता रहा, पर चलता रहा। धीरे-धीरे रोशनी वापस आ गई। कुछ ही दूर और देर बाद, फिर वह अंधेरी सुरंग में आ गया।

उसका डर बढ़ने लगा। यह अँधेरा क्यों आ रहा है? क्या हो सकता है यह? उसने अपने दिमाग़ के घोड़े सारी दिशाओं में दौड़ाये तो समझ आया, कि यह जमीन पर गिरे पेड़ के पत्ते हो सकते हैं, जो उसे सुरंग लग रहे हैं। अब अगली बार अंधेरा बढ़ता दिखा, तो वह वापस मुड़ गया। उजाले में आकर वह सुरंग के एक सिरे की ओर बढ़ गया। अब वह सुरंग में नहीं पत्तों के पहाड़ चढ़ता, घाटियों में उतरता आगे बढ़ने लगा। वह बार-बार आसमान को देखता कि हरी छतरी खत्म होते ही चौड़ी सड़क आएगी। और सड़क पार कर के वह घर के नज़दीक पहुँच जाएगा। अचानक-

धम!

धम!

धम!

ज़मीन हिलने लगी। जैसे भूकंप आ रहा हो। वह डर गया। टहनी को पार करते हुए ठिठक गया। उस टहनी को कसकर पकड़ कर बैठ गया।

धम्म-धम्म की आवाज़ पास आती गयी।

झटकों का तूफान सा आया। ऐसा लगा की टहनी हाथों से छूट जाएगी। आस-पास के पेड़ थरथरा उठे। फिर धीरे-धीरे आवाज़ दूर होती चली गई। पोंचू को पता ही नहीं चला कि यह नीलम आंटी हैं। जो रोज की तरह लॉन में नंगे पांव ओस पर चल रही हैं। उसने खुद को किसी तरह उठाया और आगे बढ़ गया। बिना यह जाने कि आगे एक और मुसीबत उसका इंतजार कर रही है।

हरी छतरी खत्म होने लगी। नीला आसमान दिखने लगा, लेकिन सड़क कहीं नहीं दिखी। बल्कि थोड़ा और आगे उसे दूसरी हरी छतरी दिखने लगी। दो

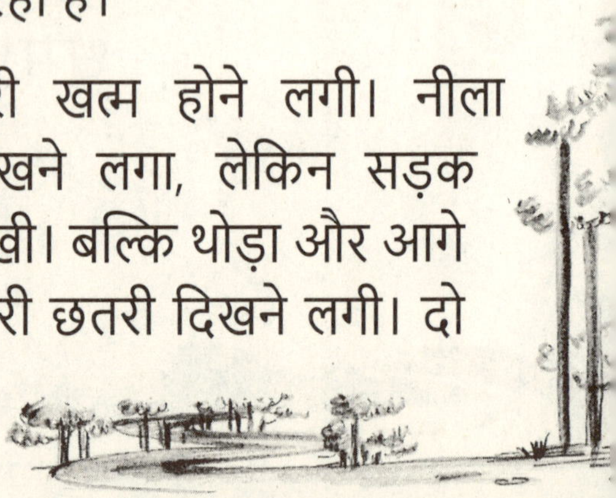

पेड़ तो लॉन के विपरीत छोर पर हैं। इसका मतलब वह इतनी देर से गलत दिशा में चलता रहा। इतनी देर की मेहनत गई पानी में !

यह अहसास होते ही पोंचू की हिम्मत जवाब दे गई। आँखें डबडबा आयीं। होंठ हिलने लगे। वह बुक्का फाड़ कर रोने-रोने को हो आया; पर उसे यहां रोने पर चुप कराने वाला कोई नहीं है। रोने पर कोई घर का रास्ता भी नहीं बता देगा। इस अहसास से उसने अपनी रुलाई को रोक लिया। वह डबडबाई आँखों से धुँधलाती दुनिया, घास के घने जंगलों और पत्तों के उतार-चढ़ाव में आगे बढ़ता रहा। साथ बढ़ती रही रोने की इच्छा।

किटी की कहानी

अचानक एक महीन सी आवाज़ आई - अरे! अरे! मुझ पर चढ़े ही आओगे क्या? ऐसे कैसे बढ़े चले आ रहे हो?

पोंचू गले में अटका रोना गटक गया। वह ठिठक कर देखने लगा। सामने पड़ी सूखी पत्ती कुछ पीछे सरक गई।

पोंचू ने उसे हैरत से देखते हुए कहा,

"ओह! तो तुम पत्ती नहीं तितली हो! मैं तो तुम्हें सूखी पत्ती ही समझ रहा था। तुम्हारा

नाम क्या है? मुझे तित्तू तितली मिली थी। उसे मेरा घर पता था। तुम भी मेरा घर जानती हो क्या?

अब पोंचू की डबडबाई आँखों में आँसू की जगह आशा की चमक भर आयी उसकी प्रश्नों की रेलगाड़ी धड़-धड़ दौड़ पड़ी।

"मैं सूखी पत्ती की तरह दिखती हूँ। सूखी पत्तियों में छुप कर बैठती हूँ कि कोई मुझे देख न सके। बिना हिले-डुले कोई पांच मिनट भी बैठकर देखे तो पता चले कि यह कितना मुश्किल काम है। मेरा कोई दोस्त भी नहीं है। अकेले ही छुपी रहती हूँ। खेल भी नहीं सकती और तुम हो कि चढ़े ही चले आ रहे हो। ऊपर से कहते हो कि क्या मैंने तुम्हारा घर देखा है! तुम हो कौन?"

तितली की आवाज़ में दुःख के साथ नाराजगी टपकने लगी। पोंचू को अपने प्रश्नों के जवाब की जगह मिली नाराजगी और

सवाल; फिर भी उसने आस नहीं छोड़ी।

मैं पोंचू हूँ। बड़ी मुसीबत में फँस गया हूँ। इंसान हूँ पर कीड़े जितना छोटा हो गया हूँ। मुझे माफ करना तितली। घर तक पहुंचने में मेरी मदद कर सकती हो?"

"मैं किटी हूँ! ये क्या तितली... तितली... लगा रखा है तुमने।"

किटी की आवाज़ बहुत महीन, चुभती हुई लगी। जैसे कोई नाक से बोल रहा हो। वह आगे कहने लगी।

"चिड़ियों और छिपकलियों को मैं बहुत स्वादिष्ट लगती हूँ। वे तो हमेशा मेरी ताक मे बैठे होते हैं, कि कब मैं हिलूँ-डुलूँ-उड़ूँ,उन्हें दिखूँ और वे मुझे देखते ही खा जाएँ-

दुष्ट-लालची, प्राणी!

और तुम कहते हो कि मैं तुम्हें तुम्हारे घर

छोड़ दूं। तुम चाहते क्या हो? मौत तो मेरी ताक में बैठी है। मुझे ज़िंदगी गंवानी है क्या?"

पोंचू किटी की परेशानियों को सुनता रहा फिर खुद की परेशानी से परेशान वह कह उठा,

"जैसे मेरी ज़िंदगी में परेशानियां मेरी ताक में बैठी हैं।"

"होंगी! पर मुझसे कम और मौत से तो छोटी ही होती हैं परेशानियां"

किटी ने अपना एंटीना नचाते हुए तुरंत उसकी बात काटी। वह अपने एंटीने को माथे पर ठोकती हुई नखरीली आवाज़ में कहने लगी,

"चारों ओर बस सूखी पत्तियां होती हैं। कहीं कुछ खाने को नहीं मिलता। पत्तियों की घनी छाँव नहीं मिलती। उनकी सुरक्षा नहीं मिलती। लेकिन फिर भी भूख तो लगती ही

है। यह भूख बड़ी ज़ालिम चीज़ है, जो बाहर निकलने को मज़बूर करती है। काम करने को मज़बूर करती है।"

"ओह!"

किटी ने लंबी साँस ली। पोंचू ने भी लम्बी साँस ली।

"ओह! तुम सोच भी नहीं सकते। कई बार मैं भूख से परेशान होकर जैसे ही फूलों का रस पीने निकलती हूँ; कोई न कोई मुझ पर हमला कर देता है। आज भी ऐसा ही हुआ।

ओह! ओह! आज मैं कुछ ही दूर गई थी कि उस काले काल ने, उस कल्लू जंगल कोतवाल ने मुझ पर झपट्टा मार दिया। वह तो अच्छा हुआ कि समय पर मैं दूसरे फूल की ओर मुड़ गई तो बच गई। इससे पहले की वह काला काल वापस आता। मैं सूखी पत्तियों में छिप गयी।"

किटी ने गहरी साँस भरी। उसकी आवाज़ पहले से कम नखरीली, कम शिकायती हो आयी-

"कभी-कभी ज़िंदगी में संयोग भी होते हैं, जो न सिर्फ ज़िंदगी बचा लेते हैं, बल्कि परेशानियों से, भूख से भी निबटने का रास्ता बता जाते हैं। आज शायद मेरा वही समय था। जहां मैं छिपकर बैठी थी, उसी के सामने दो अंगुल की दूरी पर से मल का एक बड़ा सा फूल आकर गिरा। फूल गिरने के धमाके और तेज हवा से एक पल को तो लगा, कि मैं नहीं बच पाऊँगी। कुछ पल बीते, तो समझ आया, कि कहाँ भूख से जान निकली जा रही थी, यहाँ तो खाना ही मेरे पास आ गया है। धीरे से मैं सेमल के फूल के अंदर सरक गई। फूल का रस पीकर भूख थोड़ी शांत हुई। इसके बाद मैं आराम से बैठी ही थी कि तुम चढ़े चले आये।

किटी की आवाज़ फिसलपट्टी पर चढ़ती-उतरती लगी। किटी की लगातार बातों से पोंचू थकने लगा। उसे घर जाना है, भूख लगी है और यह तितली अपना दुःखड़ा गाये जा रही है। उस से अपनी खीझ न रोकी गयी,

"मेरा तो भूख से बुरा हाल है। कम से कम तुम्हारा पेट तो भरा हुआ है।"

किटी ने पोंचू की बात को कोई तवज्जोह न दी। वह आगे कहती रही। उसकी आवाज़ कुछ अधिक शिकायती हो कर सीटी सी तीखी हो आयी।

"पेट भरा है, इसीलिए तो अपनी ज़िंदगी के बारे में सोच रही हूँ। क्या है मेरी ज़िंदगी? यूँ डर कर, छुपकर जीना भी कोई जीना है? सिर्फ खाने के लिए बाहर निकलो और वह भी डरते- घबराते हुए। तुरंत वापस आओ और छुप जाओ। तुम्हारी मदद करना चाहूं तो भी नही कर सकती। देखो! कितनी सुंदर दुनिया

है। रंग-बिरंगे फूल हैं। खुला नीला आसमान है। इसका आनंद लेने के लिए उड़ना ज़रूरी आनंद है। लेकिन मैं क्या करती हूँ? उँह!"

किटी की आवाज़ में चिढ़ और नाराज़गी की जगह दुःख, शिकायत और मदद न कर पाने की ग्लानि महसूस हुई तो पोंचू भी उसके दुःख से दुःखी हो उठा। किटी आसमान की ओर एकटक देखने लगी। उसकी नज़रों का पीछा करते हुए पोंचू की नज़रें भी आसमान में पहुँच गयीं। आसमान में तितलियाँ पकड़म-पकड़ायी खेलते दिखीं।

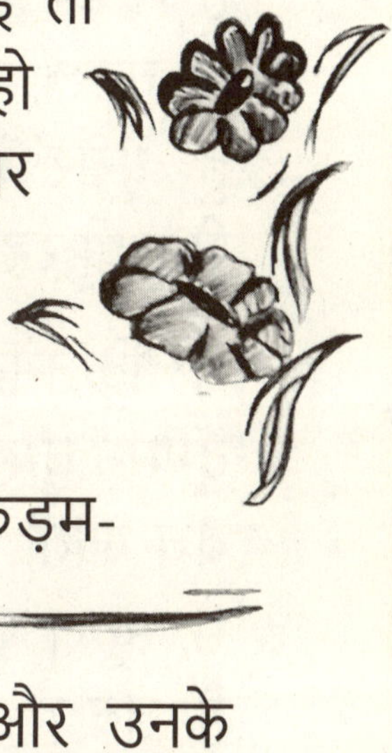

"देखो... वो कमली, पम्मी और उनके दोस्तों को। वे फूलों का रस पीने के लिए दौड़ लगा रहे हैं। इस फूल से उस फूल, इस पेड़ से उस पेड़, ऊपर और ऊपर, नीचे और नीचे, ऊपर और नीचे, लहरों की तरह।"

किटी के चेहरे पर उदासी के काले बादल छा गये।

इन्हें यूँ अठखेलियाँ करते देखकर मैं भी ख़ुशी-ख़ुशी निकलती हूँ पर जान बचा कर भागना पड़ता है। ये मनचाही उड़ान भरती हैं, मैं मन मसोसती रहती हूँ। ये कितनी सुंदर हैं, चटख, खुशनुमा रंगों वाली। और एक मैं हूँ- धूसर और भूरे-काले रंग की; कि दुनिया से छुपी रह सकूँ।"

"कितना अच्छा है न; इसी कारण तुम्हारे दुश्मन तुम्हें देख ही नहीं पाते और तुम उनसे बच जाती हो। पता है किटी, अक्सर स्कूल में, स्कूल बस में और जब हम पार्क में खेलते हैं, तब मैं सोचता हूँ कि काश मैं गायब हो सकता तो छोटू, विवान, अर्णव मुझे देख ही नहीं पाते।"

पोंचू ने किटी के दुःख में अपनी परेशानी की झलक पाई। उसने अपने मन की बात

किटी से साझा की। परेशानियाँ लोगों को नज़दीक लाती हैं। नज़दीकियाँ परेशानियों को दूर करती हैं।

"क्यों, तुम उनसे छुपना क्यों चाहते हो?"

किटी पहली बार अपने दुखों और शिकायतों को छोड़ पोंचू से जुड़ी। कई बार दूसरों के दुःख को देख समझ पाना खुद को खुद के दुःख से भी बाहर निकालने का रास्ता बन जाता है।

"वे मुझे घर से पैसे लाने के लिए कहते हैं। वे कहते हैं कि चाहे मांग कर लाओ, चाहे चुरा कर लाओ, पर पैसे लाओ। कभी बिना मतलब कोई काम थमा देते हैं। कहते हैं करो, वरना हम तुम्हें बेदम मारेंगे। कभी चिकोटी काटते हैं। वह बहुत बदमाश हैं। हमेशा लड़ाई-झगड़ा करते हैं।"

पोंचू अपने छोटे हो जाने की परेशानी भूल कर, स्कूल की परेशानी में डूब गया। उसे सुन

किटी कुछ देर के लिए अपनी परेशानी से बाहर आ गयी।

"पता है पोंचू! भले ही मैं दुश्मनों से बचती हूँ, छुपती हूँ, पर मुझे लगता है, कि परेशानियों से बचने का यह तरीका गलत है। तुम भी उनसे छुपने के बारे में मत सोचा करो। व्यर्थ है ऐसी छुपती- डरती ज़िंदगी। तुम अभी छोटे हो तो सिर्फ अर्णव, विवान से डरते हो। बड़े होगे तो दसियों लोग मिलेंगे, जो अपनी बात तुमसे मनवाना चाहेंगे। अपनी राह से तुम्हें हटाना चाहेंगे। कितने लोगों से बच सकोगे, छिप सकोगे। एक बात तो मुझे अच्छे से समझ मे आ गई है कि किसी परेशानी का हल बचना नहीं, सामना करना ही है। किसी भी परेशानी का सामना हमें तित्तू की तरह करना चाहिए।"

"तित्तू! तुम जानती हो तित्तू को? आज तित्तू ही तो मुझे मिली थी। सुबह उसने लाल दानव

चींटे से मुझे बचाया था। वह मेरा घर जानती है। वह मुझे घर छोड़ने ही जा रही थी, कि बुलबुल के बच्चे ने हम पर हमला कर दिया। इस हमले से मैं उससे बिछड़ गया। अगर वह बुलबुल का बच्चा नहीं आता तो तित्तू अभी तक मुझे घर पहुँचा चुकी होती। जाने तित्तू अब कैसी होगी, कहाँ होगी? अब मैं घर कैसे पहुँचूँगा? मुझे कुछ समझ नही आ रहा।"

"मुझे तुम्हारा घर नहीं पता। मैंने तो डर के मारे कभी लंबी उड़ान भरी ही नहीं। अच्छा हाँ! मैं तुम्हें एक जगह ले चलती हूँ।"

किटी की तीखी आवाज़ में उत्साह का उफ़ान झलकने लगा।

"पास ही एक छोटा सा तालाब है। बहुत सी तितलियाँ वहाँ धरती का नमकीन रस पीने जाती हैं। मैं भी जाती हूँ। तित्तू तो खैर धरती रस नहीं पीती लेकिन उसके आसपास ही अक्सर

रहती है। वह वहाँ जरूर मिल जाएगी।"

"अच्छा!" पोंचू की आवाज़ में उत्साह ने किसी राकेट सी उड़ान भरी। "जल्दी ले चलो मुझे वहाँ।"

तभी पास कोई पत्ता खड़का। दोनों का ध्यान उस ओर गया। पत्तों की गड़गड़ाहट थम गई। जैसे तूफान के पहले की शांति हो।

पत्तों के बीच अचानक चमकती हुई लकीर दिखी। किटी समझ गई कि साँप की मौसी है। उन्हें ही ऐसे चमकीले कपड़े पहनने पसंद हैं। बातें करते हुए उसने अनजाने में अपने पंख हिलाने शुरू कर दिए होंगे। उसी से आकर्षित होकर यह आई होगी। वह अपनी पूरी शक्ति लगा कर चिल्लाई-

"पोंचू! भागो यहाँ से ...

जल्दी भागो..."

चिल्लाते हुए किटी उड़ गई। पोंचू वहीं रह गया। किटी कुछ दूर उड़ कर एक पत्ती के नीचे छुप कर बैठ गई। तभी उसके दिमाग़ में पोंचू कौंधा।

"ओह! क्या पोंचू बच पाया?"

उसके मन में चिंता का चक्रवात उठने लगा। वह चिंता की बारिश में भीगने लगी।

क्यों छोड़ आयी? क्यों नहीं साथ लेकर उड़ी? क्यों उसमें साहस नहीं है? साहस नहीं है तो खुद को डरपोक मान कर बैठ जाये। वह हर बार डर कर खुद को कोसती क्यों है? यदि खुद को कोसती ही है तो सिद्ध करे कि वह डरपोक नहीं है। नहीं! आज तो उसे वापस जाना ही होगा। पोंचू को वह ऐसे नहीं छोड़ सकती।

वह वापस जाने के लिए उड़ी।

उधर पोंचू को बस इतना समझ में आया कि उसे भागना है। उसने आव देखा न ताव, जिधर सींग समाये, उधर भाग निकला। भागते हुए साँप की मौसी की आवाज़ आयी-

"बफरचफर कफररफर कफरहाँफर जा फरओफरगेफर बफरच्फरचूफर आफर जफर तोफर तुफरमफर मेफररेफर पेफरटफर में फर जाफरओफरगेफर।!"

उसकी लंबी जीभ सटाक से चाबुक की तरह उसके आजू-बाजू पड़ी। तभी एक पत्ता उसके ऊपर आ गिरा। वह साँप की मौसी की नज़र से ओझल हो गया। वह एक के बाद एक पत्तों की अंधेरी सुरंग में भागता रहा, राह में एक पहाड़ पड़ा।

पहाड़ के तीखे ऊबड़ खाबड़ चढ़ाव से वह एक दम थक कर चूर हो गया। जब दिल ने और तेज धड़कने से इंकार कर दिया। फेफड़ों ने और अधिक फूलने से जवाब दे दिया। पांवों ने दौड़ने से मना कर दिया तो वह थम गया। सामने पहाड़ की चोटी पर एक चौड़ी दरार दिखी। वह दरार में अन्दर सरक कर बैठ गया।

ख़ुशी की उड़ान

ज़िंदगी और मौत की इस दौड़ के बाद उसका दिशाबोध खत्म हो गया। उसे नहीं पता कि वह लॉन के किस कोने में है। वह अपने क़दमों तले कुचली जाती दुनिया की शरण में है। वह खुद को बेहद भूखा, बेहद थका हुआ, और बेहद अकेला महसूस करने लगा। उसे बेहद रोना आने लगा।

किटी ने ऊपर उड़ते हुए उसे पत्थर की दरार में घुसते हुए देखा। सतर्क होकर उसने आस-पास नजरें दौड़ायी। छिपकली की

मौसी उसे दूर जाती दिखी तो पत्थर पर उतर कर पोंचू को धीमे से आवाज़ दी।

"पोंचू आओ जल्दी से मुझ पर बैठ जाओ।"

किटी की आवाज़ सुन पोंचू की साँस में साँस आई। वह पत्थर की दरार से बाहर निकल आया। किटी पोंचू को अपने ऊपर बैठाकर उड़ गई। उसने पोंचू से कहा, "मुझे माफ़ करना पोंचू! मैं डर गई थी।"

"कोई बात नहीं किटी! मैं भी बहुत डर गया था। जिस सांपसुल्ली को मैं अपने पैर की धमक से भगा दिया करता था। आज वही मुझे खा लेने वाली थी। अच्छा हुआ तुम आ गयी,"

पोंचू ने हाँफते हुए कहा।

पोंचू को बचाने की हिम्मत कर किटी खुद को बहुत संतुष्ट महसूस करने लगी। उसकी आवाज़ से तीखापन झड़ने लगा।

उधर तित्तू की ओर उड़ते हुए, परेशानी दूर होने की संभावना देख पोंचू का भी दिल हल्का हो आया। अचानक उसे कुछ ध्यान आया, अच्छा किटी! तित्तू बुलबुल के लिए कह रही थी कि, यह बच्ची है। इसे नहीं पता कि, मुझे नहीं खाना है। मैं उससे पूछना चाहता था कि, उसे क्यों नहीं खाना चाहिए? पर पूछ

नहीं पाया। क्या तुम बता सकती हो?

यह एक लंबी कहानी है। जिसे तुम तित्तू से ही सुनो तो बेहतर होगा। यूँ भी मैं तुम्हें तित्तू के पास ले ही चल रही हूँ।

किटी ने मस्तानी आवाज़ में कहा तो उसकी आवाज़ का तीखापन जैसे मीठेपन में बदल गया।

किटी समंदर की लहरों की तरह बल खाती उड़ने लगी। गुनगुनाने लगी।

पता है पोंचू! आज मैं बहुत खुश हूँ। पहली बार मैंने अपने डर को काबू में किया है। तित्तू मुझे अक्सर कहती थी कि तुम साहस को अपनी सोच में तो लाओ। आज यह घटना सुनकर वह भी बहुत खुश होगी।

यह कहते हुए किटी की आवाज़ भी अलग ही मस्ती में लहराने लगी। वह आनंदित पर चौकन्नी है। वह छोटी-छोटी उड़ान लेती, उड़ती फिर रुकती, फिर उड़ती रही। गुनगुनाते हुए अचानक रुक कर उसने कहा,

"एक राज की बात बताऊँ पोंचू। मैं अक्सर सपना देखती हूँ, कि मैं भी तित्तू की तरह रंग बिरंगी हो गई हूँ। मेरे पंखों में नारंगी धारियां आने लगी हैं। जिनकी सफेद नीले रंग की लहरिया किनारी है। पंखों के कोने भले ही अभी भी काले हैं, लेकिन उनमें सफेद छोटी-बड़ी बुंदकियाँ उभर आई हैं। जैसे किनारे हैं काला अंतरिक्ष, और सफेद बुंदकियाँ हैं चमकते सितारे। मेरे पंख मुझे आसमान में ले जाने को तैयार हैं। परों के साथ मेरा शरीर भी

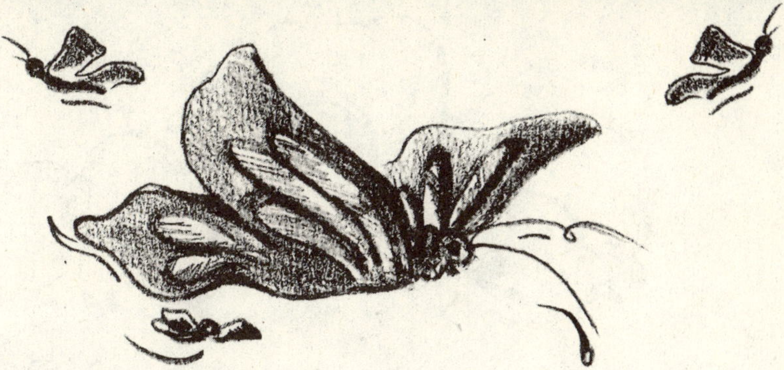

ऐसा दिख रहा है मानो मैंने गेंदे की पंखुड़ियों के रस में डुबकी लगा ली हो। मैं अपने परों को लहरा रही हूँ। उन पर इतरा रही हूँ। मैं आसमान में ऊँची और ऊँची उड़ान बिना डरे, बिना छुपे भर रही हूँ। आज पहली बार मुझे लगा है कि, मैं चाहूँ तो अपना ये सपना पूरा भी कर सकती हूँ।"

पोंचू किटी की खुशी की वजह समझने की कोशिश में ध्यान से उसे सुनने लगा। वे एक के बाद एक पेड़ों और घरों को पार करते हुए तालाब की ओर बढ़ते रहे।

"तित्तू अक्सर मुझसे कहती थी कि, किसी भी परिवर्तन की शुरुआत एक विचार से होती है।"

"इस विचार को पसंद करते चलो तो, मिलते जुलते विचार जन्मते जाते हैं। एक सोच बनती है। ठीक है कि सोच के बदल जाने से ही दुनिया नहीं बदल जाती लेकिन हमें जब कोई पहाड़ पार करना होता है तो पहले सोच में पहाड़ पार करना पड़ता है। आज पहाड़ पार करने का पहला क़दम मैंने रख दिया है और इसका कारण तुम हो।"

"तुम क्या कह रही हो, मुझे कुछ समझ नहीं आ रहा,"

पोंचू ने असमंजस के साथ कहा।

किटी ने छलकते उत्साह से कहा,

"बस हम उस जगह पर पहुँच ही गये। तित्तू यहीं कहीं होगी। अब तित्तू से ही तुम मतलब पूछना। अच्छा! तुम्हें एक गज़ब का नज़ारा दिखाती हूँ। तुमने कभी नहीं देखा होगा ऐसा नज़ारा... तुम जल्दी से सामने नीचे की ओर देखो।"

पोंचू ने देखा। नीचे हवा में लहराती घास है। आगे तालाब में उठती लहरें हैं। अचानक उसकी नज़रें पानी और घास के बीच गंदली मिट्टी पर जम गई। सैकड़ों तितलियां बैठी दिखीं। इन्हें देख उसे वे सैकड़ों की संख्या में उड़ती पत्तियाँ याद आयीं।

एक बार मम्मी पापा के साथ वह लॉन्ग ड्राइव पर गया था। बादल सूरज को अपने पीछे छिपाकर मुस्कुरा रहे थे। हवा बादलों को दौड़ा रही थी। सड़क पर उनकी कार दौड़ रही थी और कार के आगे तरह-तरह

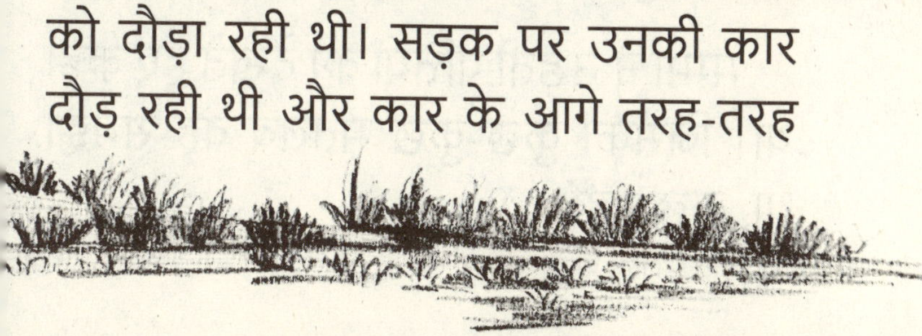

की सैकड़ों पत्तियाँ हवा के ताल पर थिरकते, उनके साथ आगे दौड़ी जा रही थीं। कभी सीधी कभी उल्टी होती हुई। हवा के साथ नाचती ये पत्तियाँ पोंचू को तितलियाँ लगी थीं।

उसने किलक कर कहा था,

"मम्मा देखो कितनी सारी तितलियाँ!"

तो मम्मा ने हँस कर असलियत सामने रखी, "ये तितलियाँ नहीं; पत्तियाँ हैं बेटू!"

पोंचू को वे अभी भी तितलियाँ ही लग रही थीं। उसने अचरज में पड़ते हुए कहा,

"पत्तियाँ हैं? आप कैसे पहचाने?"

"पत्तियाँ हवा के साथ ही उड़ती हैं। तितलियाँ हवा के विपरीत भी उड़ने की कोशिश करती हैं। इसी से तुम उन्हें पहचान सकते हो,"

मम्मा ने उड़ती पत्तियों को देखते हुए कहा था। जिसका कुछ-कुछ मतलब वह समझा था, कुछ नहीं।

ये सभी तालाब के किनारे की गीली जमीन पर बैठी दिखीं। अपने स्ट्रॉ जैसे मुंह से धरती रस पीती दिखीं। वे अपने पंख खोल-बंद कर रही हैं, फड़फड़ा रही हैं। कभी अंदर के चटख पंख खुल जाते तो कभी बाहर के रंग-बिरंगे पंख सामने आ जाते। मानों वे तितलियाँ रस पीते हुए नृत्य कर रही हों। नृत्य से थक कर कोल्ड ड्रिंक से गला तर कर रही हों।

'मैंने कभी इतनी तितलियाँ एक साथ नहीं देखीं। कितना सुंदर दिख रहा है। जैसे मैं परियों की दुनिया में आ गया हूँ। मुझे विश्वास नहीं हो रहा कि ये सच है। कैसा अदभुत दृश्य है

लेकिन हम इसमें तित्तु को कैसे खोजेंगे। तित्तू के जैसी सारी तितलियाँ तो मुझे एक सी ही दिख रही हैं।'

पोंचू एक ही समय में खुशी के आसमान में चढ़ कर लुढ़क गया।

तित्तू धरती रस नहीं पीती। वह सिर्फ फूलों का रस पीती है। वह इनमें नहीं मिलेगी, लेकिन वह आस पास ही होगी। मैं इनसे पूछती हूँ। किसी ने तो देखा होगा तित्तू को फिर मैं तुम्हें लेकर यहीं चक्कर काटूंगी, या तो तित्तू हमें दिख जाएगी, या तित्तू हमें देख लेगी।

हाँ ये ठीक रहेगा।

पोंचू फिर किलक उठा। किटी तालाब के

तित्तू के तेवर

"देखो! वो रही तित्तू! गुलमोहर के पेड़ पर बैठी है" किटी ने पोंचू से कहा।

ठीक उसी समय तित्तू ने भी उन्हें देख लिया। वह उनके पास उड़ी चली आयी। पोंचू को देखकर बहुत ख़ुश हुई।

"ओह पोंचू! तुम मिल गये। मैंने सोचा कि मैंने तुम्हें खो ही दिया। किटी, इससे मिलाकर तुमने बहुत अच्छा किया।"

"मैं भी तुम्हारे लिए चिंतित था। सुबह मुझे बचाते हुए ही तुम सांसत में फँसी थीं, फिर किटी भी फँस गयी। तुमने मुझे चींटे से बचाया तो किटी ने सांपसुल्ली से। मैं तुम दोनों का बहुत शुक्रगुजार रहूँगा। तित्तू! अब बस किसी तरह मुझे घर पहुँचा दो।" पोंचू की आवाज़ में आभार और आस लबालब भर आये। सांपसुल्ली से जान बचाने की बात सुन तित्तू गुलमोहर की तरह खिल उठी।

"वाह! तुमने सांपसुल्ली से बचाया! देखा किटी! मैं कहती थी न कि तुम कर सकती हो। अपनी सोच में तो लाओ। तुमने शुरुआत कर दी। आज तो दुगनी खुशी मिल गयी।"

फिर वह पोंचू की ओर मुड़ी,

"तुम्हारा घर पास में ही है। बस पाँच मिनट का काम है यह तो। अभी चलो। मैं तुम्हें तुम्हारे घर छोड़ देती हूँ।"

घर इतने पास है; यह जान कर पोंचू के मन में विश्वास जागा कि अब वह घर पहुँच ही जायेगा। वह किटी के ऊपर से उतर कर तित्तू के पास गुलमोहर के लाल फूलों पर जा बैठा।

किटी इधर-उधर उड़ते हुए गुलमोहर के तने पर जा बैठी। किटी तने के रंग में रंगी, उसमें घुली-मिली दिखी कि वह नहीं ही दिखे.

पोंचू ने तित्तू से कहा, "किटी तुम्हारी किसी लंबी कहानी की बात कह रही थी। मैंने अपनी परेशानी इसे बताई तो इसने कहा कि किसी परेशानी का हल बचना नहीं, सामना करना ही है और किसी परेशानी का सामना तुम्हारे समान करना चाहिए। मैं परेशानी का सामना करने का तुम्हारा तरीका जानना चाहता हूँ। जब घर इतने पास ही है तो तुम मुझे घर छोड़ने से पहले क्या अपनी कहानी सुनाओगी?"

तित्तू गुलमोहर के फूल पर आराम से बैठ गयी।

"मैं कहानी से पहले तुम्हें कुछ बातें बताती हूँ। तुम ध्यान से सुनना। हम तितलियां दो प्रकार की होती हैं- जहरीली और स्वादिष्ट। किटी और मैं दोनों ही स्वादिष्ट तितलियां है, इसीलिए चिड़ियाँ और जानवर दोनों ही हमें खाने के ताक में बैठे रहते हैं। कमली, जॉयसी और पम्मी जहरीली तितलियाँ है। कोई जाने अनजाने इन्हें खा ले, तो मर भी सकता है इसीलिए कोई इन्हें नहीं खाता।"

"अच्छा! इसीलिए तुम कह रही थी कि बच्चे बुलबुल को नहीं पता कि उसे तुम्हें नहीं खाना है। एक मिनट ... पर तुम तो कह रही हो कि तुम स्वादिष्ट हो और तुम तो जॉयसी जैसी दिखती हो।"

"इसी राज़ की तो कहानी है। सुनो... यह पीढ़ियों पहले की बात है। तब हमारी माँ तितली और पापा तितली एक से दिखते थे। पंखों के ऊपर की ओर भूरे- काले शरीर पर सफेद-नीले चकत्ते थे। जैसे पंखों पर घूरती आँखें हों। जो कह रही हों- दूर रहो मुझसे! मैं तुम्हें देख रहा हूँ!

तब माँ तितली के अंडे देने का समय नज़दीक था। पेट में इतने सारे अंडे संभाले,

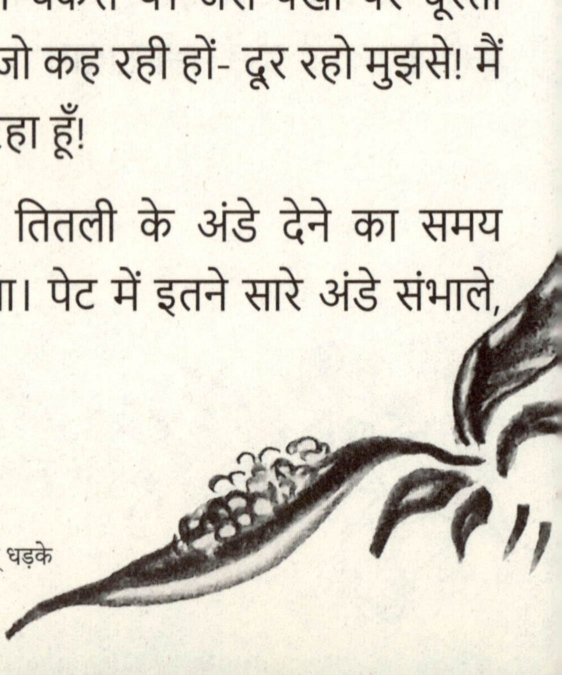

माँ तितली के लिए फूल-फूल पर जाकर, उनका रस पीना बहुत कठिन हो गया था लेकिन स्वस्थ और मज़बूत अंडों के लिए पोषण ज़रूरी भी था।

उस दिन सूरज पश्चिम की ओर उतरने लगा था। माँ तितली अपना पेट पूरी तरह नहीं भर पाई। वह जल्दी से थोड़ा और रस पीकर जंगल में उस जगह पहुँच जाना चाहती थी, जहाँ पोर्तुलाका के बहुत सारे पौधे थे। वह अपनी रात पोर्तुलाका पर ही गुजारना चाहती थी क्योंकि उसी की पत्तियों पर उसे अंडे देने थे। वह मारे थकान के पस्त हो रही थी।

वह एक फूल का रस पीकर उड़ने ही वाली थी कि अचानक एक मेंटिस ने उन पर हमला कर दिया। मेंटिस सबसे खतरनाक शिकारी होता है। मेंटिस की पकड़ में आने के बाद कोई नहीं बच सकता। वह अपने से

कई गुना बड़ी चिड़िया का शिकार भी कर लेता है; लेकिन भाग्य से मेंटिस जैसे दुर्दांत शिकारी का हमला पूरी तरह सफल नहीं हो पाया। उस हमले में माँ तितली के एक पंख का पिछला हिस्सा टूटकर लटक गया। माँ तितली किसी तरह लड़खड़ाते उड़ चली। वह पहले ही अंडों के भार से उड़ नहीं पा रही थी, उस पर टूटा हुआ पंख! वह पोर्तुलाका के झुरमुट तक किसी तरह से पहुँचने ही वाली थी, कि पास के एक पेड़ पर बैठी हरी पतरिंगा चिड़िया की नज़र उन पर पड़ गयी। उसने अपने पंख फटकारते हुए गोता लगाया,

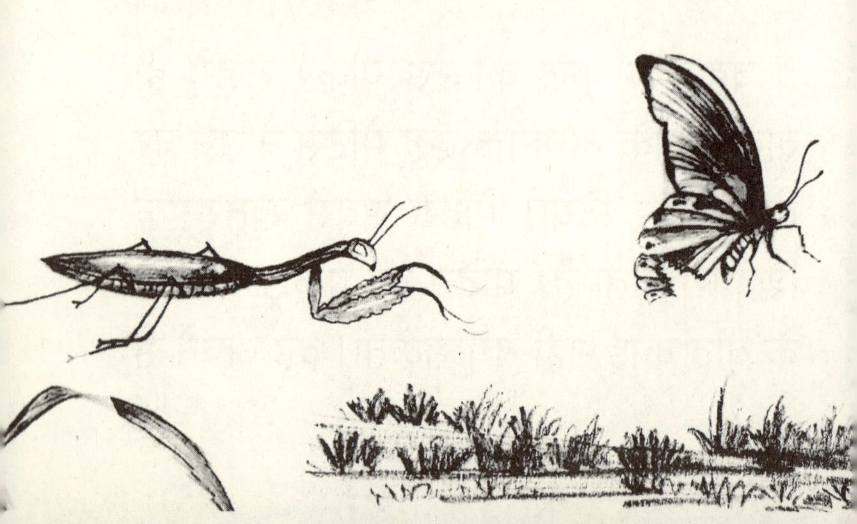

लेकिन वह दिन शायद कोई ख़ास दिन था।

शायद माँ तितली का अमर होने का दिन।

एक नयी शुरुआत का दिन!

एक नई चाह का दिन!

पतरिंगा की चोंच में पंख का टूटा हिस्सा आया।

माँ तितली अगला झपट्टा मारने के पहले ही नीचे घनी घास में घुस चुकी थीं। माँ तितली को बहुत दर्द हो रहा था। तब भी वह वहीं पड़े-पड़े पतरिंगा के डर से सतर्क निगाहों से ऊपर देख रही थीं।

उन्हें ऊपर आसमान में बहुत सी नारंगी काली तितलियाँ उड़ती दिखीं। वे हँसती,

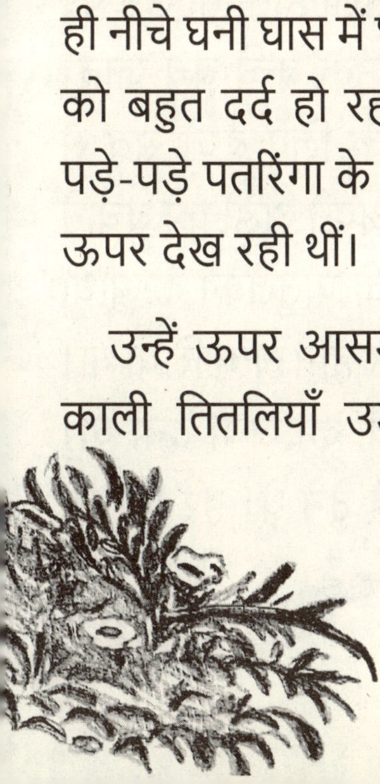

खिलखिलाती आसमान में पींगे भर रही थीं। पतरिंगा उन्हें खाने की कोई कोशिश नहीं कर रही थीं। पतरिंगा उन मस्ती करती तितलियों को देख भी नहीं रही थी, खाने की कौन कहे! उन्हें खा कर उसे परेशानी थोड़े ही मोल लेनी थी। वे तितलियाँ जहरीली थीं।

उस दिन माँ तितली ने शिद्दत से महसूस किया कि काश वह भी उन काली नारंगी तितलियों की तरह जहरीली होती तो उन पर यूँ हमला नहीं होता। उनके बच्चे बच जाते। वो माँ हो रही थीं। माँ के लिए बच्चे सब से बढ़कर होते हैं। माँ को अपने अंडों को बचाने के लिए ज़रूरी था कि वो पार्तुलका के पौधों तक पहुँच जाएँ, जिसमें उन्होंने जन्म लिया था। जिसपर उन्हें अपने बच्चों को जन्म देना था। जिसपर उन्हें अपने अंडे देने थे। हर तितली

एक निश्चित जाति के पौधे पर ही अंडे देती है। इसलिए वो पोर्तुलाका का पौधा ढूँढती रहीं। पंख टूटने और भयानक पीड़ा के बाद भी ख़ुद को घसीटती रहीं। और ख़ुद को यूँ घसीटते हुए शिद्दत से नारंगी-काली तितली सी हो जाना चाहती रहीं। ताकि वो अपने बच्चों को हँसता, खिलखिलाता, भयमुक्त जीवन दे सकें। अंततः वो पोर्तुलाका के पौधे तक पहुँच ही गयी। अंडे देते हुए अपार पीड़ा में भी वो शिद्दत से नारंगी-काली तितियों सी हो जाना

चाहती रहीं।

यह शिद्दत भरी चाह, अपने आवेग और तीव्रता से शायद उनके अंडों को भेद गयी। अंडे देकर और एक गहरी चाह का बीज रोप कर माँ तितली मर गयीं। अंडों से कैटरपिलर निकले। जो पत्ते खाते रहे, खाते रहे, बढ़ते रहे; फिर एक दिन उन्हें एहसास हुआ कि बस खाते रहना ही तो ज़िंदगी नहीं है। यह दुनिया कितनी बड़ी है। उन्हें दुनिया देखनी है। कितने पौधे हैं जो उनका इंतजार कर रहे

हैं कि वे आएं उनका रस पिएं, अपनी भूख बुझाएं और फूल-फूल पर जाकर बीज बनने में मदद करें। इस तरह नये पौधे उगाने में उनकी मदद करें।

खाने के लिए जीने और दुनिया के लिए जीने के अंतर्द्वंद में आख़िर दुनिया के लिए जीने की इच्छा जीत गयी। इतनी विशाल और बहुरंगी दुनिया को देखने और उसके लिए जीने की इच्छा ने उन्हें पंख देखर कैटरपिलर से तितली बना दिया।

इन अंडों से जो तितलियाँ बनीं उनमें से कुछ के बाहरी ओर के पंख पर सफेद चकत्ते

कुछ किनारे को खिसक गये। पंख पर नारंगी बिंदु चटख हो उभर आया। नारंगी रंग जो उनके अंदर की ओर के पंख पर फीका सा मौजूद ही था। वही नारंगी रंग, जिस रंग की तितलियों को उड़ते-खिलखिलाते देखकर तितली माँ ने उन जैसा हो जाना चाहा। इसके बावजूद कुछ तितलियाँ पापा तितली जैसे ही रहीं।

चटख नारंगी बिंदु लिए इन नयी तितलियों के जीवन में उड़ने-खिलखिलाने, नारंगी-काली तितलियों सा हो जाने का एहसास इतना गहरा रहा कि जब उनके बच्चे हुए, तो ये चटख नारंगी बिंदु चकत्ते में बदल चुका था। ठीक नारंगी-काली ज़हरीली तितली की तरह। नारंगी रंग और दिखने में समानता

पीढ़ी-दर-पीढ़ी बढ़ती ही गयी। अब कई पीढ़ियों बाद उनमें और नारंगी काली तितली में फर्क करना आसान नहीं रह गया।

यूँ इस तरह हमारे लिए जीना आसान होने लगा। कई बार यूं हुआ कि किसी चिड़िया ने हमें समझ कर नारंगी काली तितली को खा लिया तो उसे दिन में चाँद तारे दिख गए, या कई बार तो वह ख़ुद ही चाँद-तारों के पास पहुँच गयी।"

"ओह! अब मैं समझा।"

यह पल पोंचू का मानों यूरेका पल था। उसने अपनी किताबी जानकारी को ज़िंदगी से जुड़ते देखा। वह उत्साह में बोलता रहा-

मैं समझ गया!

समझ गया!

अहा, मैं समझ गया!

"माँ तितली के दिल में शिद्दत से उठी चाह ने अपना रंग दिखाया। बच्चों में भी वह शिद्दत, वह चाह बनी रही। यह चाहत-

जीवन बचाए रहने की चाहत!

जीवन आसान करने की चाहत!

यह प्रकृति के अनुरूप चाहत थी। बस प्रकृति ने आगे का काम संभाल लिया। इसी को तो हम **सरवाइवल ऑफ द फिटेस्ट** के रूप में पढ़ते हैं।" पोंचू की चहकती बात सुनकर तित्तू के चेहरे पर समझा सकने की संतुष्टि दिखायी पड़ी।

"आज हम अधिकांश लड़की तितलियाँ उस नारंगी-काली तितली की तरह दिखती हैं। चिड़िया हमारे ज़हरीले होने के धोखे में हमें नहीं खातीं। लड़का तितलियों में शायद अपने बच्चों को बचाने की चाह की ज़रूरत

ही नहीं पड़ी, इसलिए उनमें यह चाहत पैदा ही नहीं हुई। वे अभी भी पापा तितली की तरह ही अपनी पीठ पर आँखें लिए घूमते हैं। उनका काम इससे ही चल जाता है। हम लड़की तितलियाँ डरती-छुपती ज़िंदगी से आगे बढ़कर दुश्मनों को झूठ से ही सही, पर डराकर अपनी ज़िंदगी जीती हैं।"

पोंचू तित्तू की बातों को ध्यान से सुनता और गुनता रहा। फिर औचक कह उठा, "एक बात अजीब लग रही है। भले तुम ज़हरीली तितली की नकल करती हो पर अंदर से तो अभी भी वही स्वादिष्ट तितली ही हो। कहते हैं कि आप वही रहो जो अंदर से हो। खाने के दांत अलग और दिखाने के अलग। तुम्हें अजीब नहीं लगता है दो ज़िंदगी जीते हुए।"

"किसने कहा कि मैं दोहरी ज़िंदगी जीती हूँ? देखो! जन्म से मैं स्वादिष्ट हूँ। इसमें मेरा कोई हाथ नहीं, कोई बस नहीं, पर ये ज़िंदगी मेरी है। इसे मुझे जीना है। कैसे जीना है ये मेरा निर्णय होगा फिर तुम यह भी तो देखो कि यहां बात खाने और दिखाने की नहीं-

जान बचाने की है।

स्वतंत्र जीने की है।

भयमुक्त जीवन की है।"

"हाँ! उद्देश्य तो अलग है।" पोंचू ने थोड़े असमंजस से कहा।

"तो मेरा निर्णय है कि, मैं डरती-छुपती ज़िंदगी नहीं जीना चाहती। मैं किसी से डरकर खुले आसमान में उड़ना नहीं छोड़ना चाहती। मैं मनचाहे फूलों का रस क्यों न पियूँ? क्यों मैं पसंदीदा खेल न खेलूँ? क्या सिर्फ इसलिए कि वहाँ बुलबुल या जंगल कोतवाल मुझे खाने आ जायेगा? तित्तू अपने रौ में बोलती रही। पोंचू और किटी मंत्रमुग्ध सुनते रहे।

"ठीक है कि मैं जॉयसी की नकल करती हूँ; पर मैं अंदर से भी उस जैसी ही हूँ। मैं चिड़ियों से खौफ़ नहीं खाती। उन्हें तो चिड़ियों के खौफ़ की ज़रूरत ही नहीं है, बल्कि चिड़ियों को उनका खौफ़ है कि कहीं बच्चे उन्हें खा न जाएँ। मुझे यह जानते हुए भी चिड़ियों का खौफ़ नहीं है, कि यदि बच्चे अनजाने में मुझे

खा गए तो उन्हें कुछ नहीं होगा। फिर दोहरी ज़िंदगी तब होती है जब आप सोचो कुछ, और करो कुछ।

मेरे मन में भी खौफ़ नहीं है!

वचन में भी खौफ़ नहीं है!

और कर्म में भी खौफ़ नही है!"

"तुम्हें ऐसे सुनना मुझे बहुत अच्छा और आसान लग रहा है। लेकिन असल में तो ये बहुत कठिन होगा।" पोंचू ने स्कूल के खेल के मैदान में खेलते हुए 'खुद' की कल्पना बेख़ौफ़ तित्तू की तरह करते हुए कहा।

"कुछ भी कठिन नहीं है। बस आप को अपने मन में ठान लेना है- अब डरना नहीं है।"

तित्तू के मन में ज़रा भी असमंजस नहीं था।
पर पोंचू के मन में अब भी कई असमंजस थे।

चील और जंगल कोतवाल

पोंचू ने तित्तू का बेलौस-बेखौफ अंदाज़ ख़ुद में ढूंढने की कोशिश की। वह तित्तू की बातों से पूरी तरह सहमत नहीं हो पा रहा था। लेकिन आम सहमति की ज़मीन तलाशने की कोशिश उसके चेहरे पर दिखने लगे। असमंजस को ज़िंदगी से निकाल फेंकना सोच के पुख़्ता होने की ओर पहला क़दम होता है। यह जाने बगैर पोंचू ने तित्तू से कहा;

"सिर्फ़ सोच लेने से क्या होता है? आप जिससे डरते हो वो अक्सर आपसे ज़्यादा

मज़बूत होता है फिर आप उससे कैसे बच सकते हो?"

"सोच क्या नहीं कर सकती? मुझे देखो। सोच मुझे सर से पाँव तक बदल सकती है। पीठ में सफेद आँखों की जगह अंतरिक्ष उगा सकती है, तो सोच कमज़ोर को मज़बूत भी बना सकती है।"

वे आपस में बातें करते हुए यह भूल बैठे कि आस-पास क्या कुछ चल रहा है। तभी जंगल कोतवाल की तीखी चेतावनी भरी आवाज़ आयी। तीनों ने उधर देखा। एक चील बचने की कोशिश में तेज़ी से उड़ती और जंगल कोतवाल उसका पीछा करता नज़र आया। जंगल कोतवाल चील पर बार-बार झपटता दिखा।

तित्तू ने पोंचू से पूछा-

"बताओ चील और जंगल कोतवाल में अधिक मजबूत और ताक़तवर कौन है?"

पोंचू ने अस्पष्ट आवाज़ में जवाब दिया,"चील! पर यहाँ तो चील भाग रही है। शायद मैं तुम्हारी बात को सच होते देख रहा हूँ। देख रहा हूँ कि सोच आपको कितना साहसी और मजबूत बना सकती है।"

"हाँ! याद रखना कि दूसरों को सताने वाला कितना भी मजबूत हो, सबसे पहले भागने वाला डरपोक भी वही होता है।" तित्तू ने कहा।

जंगल कोतवाल का साथ देने दो-तीन और साथी आ गये। उन्होंने चील को दूर तक खदेड़ दिया। वे वापस पेड़ पर आ बैठे। कुछ नन्हीं चिड़ियाँ भी उनके पास फुदकने लगीं जैसे शुक्रिया अदा कर रही हों।

पोंचू हँसा। इस हँसी में राहत की एक झलक थी। उधर तालाब के दूसरी ओर सूरज रात को सोने के लिए अपनी लाल रजाई ओढ़ कर बत्ती बुझाने की तैयारी में दिखा। पोंचू को घर की याद आई। मम्मी शाम होने पर बालकनी बंद कर देंगी। वह हड़बड़ा उठा।

"शाम हो रही है।"

उसने किटी का हाथ थाम लिया। किटी ने अपने एंटीने उसके चारों ओर लपेट दिए। कुछ पल वे यूँ ही खड़े रहे। उनके भावों के बीच शब्दों की कोई ज़रूरत नहीं लगी। फिर अलग होते हुए किटी मुस्काई,

"मैं कोशिश करूँगी कि तुमसे मिलने तुम्हारी बालकनी तक आऊँ।"

पोंचू मुस्कुराते हुए तित्तू की ओर बढ़ा, "तब तक मैं रोज झारुल पेड़ के नीचे आऊँगा।"

"ठीक से मेरा एंटीना पकड़ कर बैठ जाओ। सामने देखो जंगल कोतवाल है। जो तितलियों का दुश्मन नंबर एक है। उधर बायीं ओर वह हरी चिड़िया देखो, उसका नाम ही मक्खीखोर है। अभी देखो मैं तुम्हें लेकर उनके सामने से उड़कर जाऊँगी।"

"अरे नहीं! ऐसा मत करो! कहीं उन्होंने हमला कर दिया तो?" पोंचू एकाएक बोल उठा पर फिर उसने अपनी जबान काटी।

नहीं! वह डरेगा नहीं।

"वे मुझे खाने नहीं आएँगे। वे जानते हैं कि मैं जहरीली हूँ। यह सिर्फ मैं जानती हूँ कि मैं ज़हरीली नहीं स्वादिष्ट हूँ। जैसे जब तक तुम दिखाओ नहीं तब तक तुम्हारे अंदर के डर को सिर्फ तुम जानते हो।"

तित्तू उड़ चली, पोंचू की बालकनी की ओर। पोंचू का दिल धड़कता रहा जैसे वह ख़ुद निडर होकर अर्णव छोटू की ओर बढ़ रहा हो। उसने तित्तू से कहा-

"तित्तू! डर से मेरा दिल धड़क रहा है... देखो - धक! धक! **धक!**

"यह डर नहीं रोमांच है। यदि डरते तो तुम उनकी ओर आगे बढ़ते ही नहीं। इसका मतलब तुम डर से आगे, डर को जीतने की ओर बढ़ रहे हो। वे मेरी ओर देखेंगे भी नहीं। समझे!"

वो जंगल कोतवाल और मक्खीखोर पतरिंगा के बगल से उड़ते हुए निकल गए।

रोमांच हिम्मत में बदल गया। पोंचू को बहुत सी बातें समझ मे आने लगीं। बहुत सी बातें मन में गुनगुनाने लगीं।

तित्तू ने तो अपना रूप बदल लिया; वह क्या करेगा?

तभी तित्तू ने कहा, "देखो सामने तुम्हारी बॉलकनी।"

सामने एक बहुत ही बड़ी बिल्डिंग दिखी। पोंचू ने गिनना शुरू किया-

"एक!

दो!

तीन!

चार!

पाँच!"

पाँचवे नंबर की बालकनी उसकी है। दिल की धड़कन बढ़ गई। खुशी, उत्साह और रोमाँच की

सिहरन से एंटीने पर उसकी पकड़ बढ़ गई।

"सामने तुम्हारा घर दिख रहा है तो क्या तुम मेरे एंटीने ही उखाड़ डालोगे!"

तित्तू पोंचू की खिंचाई करते हुए लहराई।

"तित्तू! मेरा दिल तो खुशी के मारे धड़क रहा है- देखो... धक! धक! **धक!**

तित्तू हँस पड़ी - हा! हा! **हा!**...

जब देखो तब दिल धड़क रहा है। कभी खुशी से धड़क रहा है। कभी डर से धड़क रहा है। दिल तो हर वक्त धड़कता है न।"

पोंचू ने भी हँस कर कहा, "वैसे दिल धड़कने का मतलब तो है कि हम जिंदा हैं, पर दिल धड़कना पता चलने का मतलब है कि ये समय कुछ ख़ास, कुछ अलग है। अब चलो जल्दी से मुझे बालकनी में उतार दो।"

यह कहते ही उसे हल्का सा झटका लगा कि अब तित्तू को बाय कहने का वक्त आ गया।

तित्तू का हाल भी कुछ ऐसा ही दिखा। उसने गंभीर आवाज़ में कहा, "बस उतार ही रही हूँ। पोंचू! कल मैं तुमसे मिलने आऊँगी, तो तुम मुझे भूल तो नहीं जाओगे?"

पोंचू ने अपनी बाहें प्यार से उसके गले में डालकर उसे कस लिया,

"तित्तू तुम और किटी मुझे बहुत याद आओगी। तुम्हें मैं कभी नहीं भूल सकता। तुमने तो मुझे बहुत कुछ सिखाया है।"

वे बॉलकनी में पहुँच गए। तित्तू पंखों को हौले-हौले फड़काती हुई फर्श पर बैठ गई। तित्तू ने पोंचू के माथे पर चुम्मी दी अपना चेहरा तित्तू से सटा लिया। कुछ देर ऐसे ही बैठा रहा

फिर एक गहरी साँस भर खुद को तित्तू से दूर किया। उसके पंख पर अपना पैर रख जमीन पर उतर गया।

ज़मीन पर पैर रखते ही तीखी चुभन उसके अंगूठे में हुई। कल रात को मम्मा, पापा और वह तीनों तकियों से लड़ाई- लड़ाई खेल रहे थे। तभी तकिया लगने से मम्मा की चूड़ी टूट

गयी थी। मम्मा की कलाई में खरोंच भी आयी थी। उसी चूड़ी की नन्हीं किरच उसके अंगूठे में गड़ी दिखी।

पोंचू चिल्ला उठा -

पोंचू की दुनिया

पोंचू ने कस कर अंगूठा पकड़ लिया। अपना हाथ चूड़ी के उस टुकड़े को निकालने के लिए बढ़ाया। उसे चूड़ी का टुकड़ा नहीं, एक लाल चींटा अंगूठे से चिपका दिखा। अंगूठे में बेहद तेज जलन हो रही है । चींटे को उसने अपनी चुटकी से चिमट कर दूर फेंक दिया पर इतनी ही देर में अंगूठा लाल हो गया। जैसे वह जिंदा हो गया हो, अंगूठा धड़कने लगा। पोंचू उठ बैठा-

"तित्तू कहाँ गई?"

उसे धीरे से अहसास हुआ कि वह अपनी बालकनी में तित्तू की पीठ से नहीं उतर रहा बल्कि अपने बरगद की आराम कुर्सी पर बैठा है। उसके टी-शर्ट की जेब में अब भी एक अमरूद बचा है।

उसने आसपास नज़रें दौड़ायीं। कई तितलियाँ इस फूल से उस फूल की ओर उड़ती दिखीं। एक झटके से वह बरगद के पेड़ से नीचे कूद गया। पलक झपकते ही सपने की उस सैकड़ों फ़ीट गहरी खाई में उसके पैर जमीन पर टिक गए। वह मीलों लंबा पठार कहीं नहीं दिखा।

उसने आम के पेड़ की ओर देखा। सूरज की लाल रजाई ओढ़े चींटों की कतार मार्चपास्ट करती पेड़ से नीचे उतरती दिखी। कतार एक मरी हुई इल्ली तक जाती दिखायी

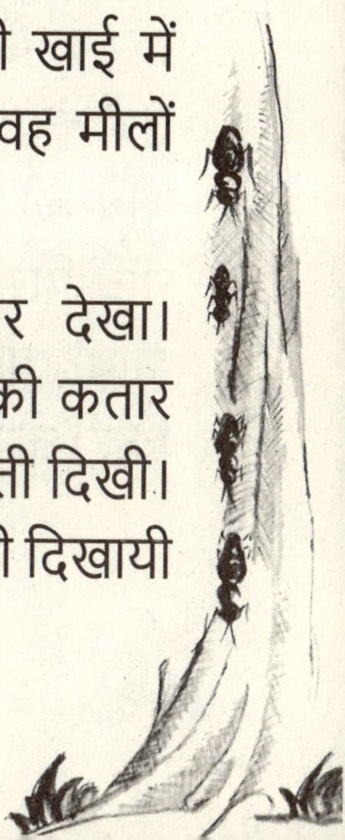

पड़ी। एक चीटा सबसे अपने एंटीने मिलाता आगे बढ़ रहा था मानों कह रहा हो,

"साथियों उधर चलो मैंने अभी एक स्वादिष्ट इल्ली को वहाँ ज़मीन पर पड़े देखा है।"

पोंचू मुस्काया, कस कर अंगड़ाई ली और घर की ओर चल पड़ा। सड़क पर एक लाल कार सामने से आती दिखी। वह मुस्कुरा कर किनारे हट गया। फिर सड़क से लॉन में चला गया। अब लॉन सूरज की रोशनी में चमक रहा है। सफेद सी चादर मानों सूरज ने मोड़ कर कहीं और रख दी हो। घास की ठंडक से उसे कंपकंपी सी आई। वह झारुल के पेड़ के नीचे की गुनगुनी जमीन पर जा खड़ा हुआ। नीचे गिरे पत्तों को ध्यान से देखता हुआ कि शायद यहीं कहीं उसे किटी नज़र आ जाये। किटी तो नहीं दिखी लेकिन उसके क़दमों की

आहट से एक सांपसुल्ली जरूर सरसराती हुई भागी। पोंचू ने कहा-

"भाफरगफर यफरहाँफर सेफर।
बफरड़ीफर आफरईफर मुफरझेफर
खाफरनेफर वाफरलीफर।"

वह सपने में लॉन पार करने की परेशानियों को सोचने लगा। परेशानियों का सामना करने के तित्तू के तरीकों को सोचने लगा। यूँ सोचते हुए वह लॉन चुटकी में लॉन पार कर गया फिर पलट कर कुछ देर लॉन को निहारता रहा। मुस्कुराता रहा। मुस्कुराहट उसके चेहरे से किसी झरने-सी झरने लगी।

लॉन के बाद उसने सड़क पर क़दम रखा। सपने में उसे यह सड़क मिल ही नहीं रही थी। यूँ भी सड़क तो कहीं जाती नहीं। जहां है वहीं रहती है। सड़क तो यहीं थी सपने में तो ख़ुद पोंचू खोया था।

दिल में तित्तू धड़के

पोंचू जब घर पहुँचा। मम्मी पापा उसे ढूंढने नीचे उतरने को तैयार में दिखे। उसे देखते ही सवालों की बौछार शुरू हो गई।

"कहाँ थे तुम?"

"बिना बताए कैसे चले गए?"

"यूँ ऐसे कोई जाता है क्या?"

"बता कर जाना चाहिये न! अब से बता कर जाया करो।"

पोंचू पापा के गले से लटक गया और जवाब देता रहा।

"बरगद के पेड़ तक गया था।"

"आप लोग सो रहे थे इसलिए नहीं जगाया।"

"जी! बता के जाऊँगा।"

"तुमने ब्रश कर लिया?"

"जी!"

"तो चलो अब पॉटी करने जाओ। उसके बाद नहाना और नाश्ता भी करना है। आज स्कूल नहीं जाना है क्या?"

ब्रश-पॉटी सुन पोंचू का मन थक गया। "उफ्फ रोज-रोज वही! ये ब्रश-पॉटी कभी पीछा क्यों नहीं छोड़ते?"

वह कमोड में बैठे हुए सोचने लगा,

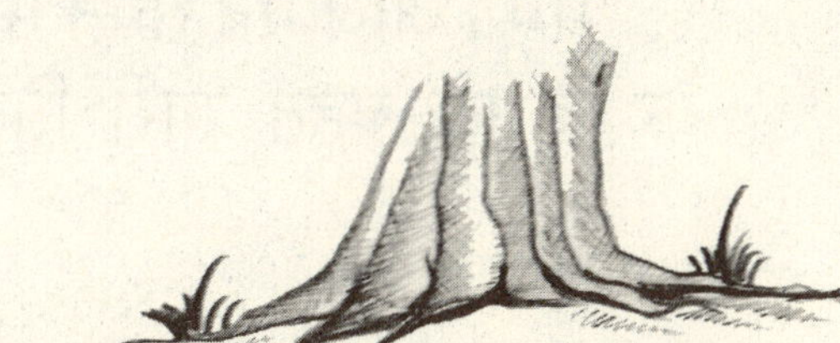

जाने नाश्ता क्या होगा? यम्मी तो कम ही होता है, कुछ यक्क ही होगा फिर यम्मी-यक्क की गाड़ी थम गई। कल टीवी में दिखा रहा था कि अफ्रीका में कहीं करोड़ों लोगों को खाना नहीं मिल रहा है। वहां लोग भूख से मर रहे हैं। लोग कितने हड्डी से दिख रहे थे। उसके आँखों के सामने टीवी पर दिखा बच्चा कौंध गया। उसके पिचके गाल, टहनी से हाथ पैर और फूला-फूला पेट। नहीं! मम्मी हमेशा खाने को यक्क्क कहने से मना करती हैं। अब वह खाने को कभी यक्क नहीं कहेगा। उसने यक्क कहने के लिए नाश्ते को सॉरी कहा।

नहा के तैयार होकर नाश्ता करने बैठा तो मन खुश हो गया। गर्मागर्म इडली सांभर प्लेट देख उसकी भूख और तेज हो गई।

खाते हुए उसने मम्मी से पूछा,

"मम्मा आज मैंने सपने में देखा कि तालाब के किनारे बहुत सारी तितलियाँ बैठी हैं।

इतनी तितलियाँ मैंने कभी नहीं देखीं।

"वो तितलियाँ 'मड पुडलिंग' करने इकट्ठी हुई होंगी।" मम्मी ने आगे बात सुनने की जगह हँसते हुए कह दिया।

पोंचू के हाथ का चम्मच मुँह के सामने रुक गया,

"मड पुडलिंग माने क्या मम्मा?"

"एक बात बताओ क्या सिर्फ दाल-भात-रोटी खाकर पूरी ताकत मिल सकती है?"

"नहीं!"

"ऐसे ही नर तितलियों के लिए सिर्फ फूलों के रस का दाल-भात पर्याप्त नहीं होता। उन्हें कुछ एक्स्ट्रा ताकत की, खनिजों की ज़रूरत होती है। इसी के लिए वह ऐसी जगह बैठती हैं, जहाँ उन्हें खनिज-लवण मिल सकें। तुम्हें याद है एक बार कमरे में एक तितली फँस गयी थी?"

पोंचू को याद आया कि उस दिन वह खूब खेल कर आया था। पसीने से लथपथ था। कमरे में बैठ कर पसीना सुखाने लगा तभी एक तितली उड़ती हुई अंदर आई और उसके माथे पर बैठ गई। तितली के नन्हें-नन्हें पाँवों की हलचल से पोंचू को गुदगुदी लग रही थी। वह ख़ुशी के सातवें आसमान पर था कि फूलों पर बैठने वाली तितली उसके माथे पर

आ बैठी है। वह बिना हिले डुले खड़ा रहा। मम्मा को आवाज़ देना चाहता था पर आवाज़ देने से तितली उड़ न जाये सोच कर आवाज़ लगा भी नहीं पा रहा था। तभी मम्मा ने देख लिया और धीरे से जाकर कैमरा ले आयीं। आज भी उसकी वह फ़ोटो, जिसमें तितली उसके माथे पर बैठी है उसके दोस्तों के लिए जलन का कारण बनती है।

"हाँ याद है। तितली मेरे माथे पर बैठ गई थी।"

"उस तितली को तुम्हारे पसीने के नमक की खुशबू ने खींचा होगा"

ओह्ह मम्मा! ये आप ने क्या बता दिया। तितलियाँ तो फूलों की खुशबू से आती हैं। पसीना कह कर आपने तो सारा मज़ा ही किरकिरा कर दिया। अच्छा है मेरे दोस्तों को ये बात नहीं पता," कहते हुए पोंचू हँस पड़ा।

साथ मम्मा भी हँसने लगीं,

"सिर्फ मिट्टी, पसीना ही नहीं तितलियाँ तो गोबर और पॉटी पर भी मड पुडलिंग के लिए बैठती हैं।"

मम्मा ने ये जानकारी पोंचू को चिढ़ाने के अंदाज़ में दीं।

"बस करो अम्मा अब।" पोंचू को अपने इतने प्यारे अनुभव का कचरा होते देख रुका

न गया। उसने बात आगे बढ़ा दी,

"मम्मा! कल आप बता रही थीं न कि तितलियाँ चिड़ियों से बचने के लिए दूसरी ज़हरीली तितलियों की नकल भी करती हैं?"

मम्मा ने उसका टिफ़िन पैक करते हुए रसोई से ही जवाब दिया,

"हाँ कुछ तितलियाँ बचने के लिए नकल करती हैं। जिसे मिमिक्री कहते हैं। पूरा कहूँ तो बेटसीएन मिमिक्री कहते हैं।"

"कौन-कौन सी तितली मिमिक्री करती हैं मम्मा? मैं भूल गया" पोंचू प्रश्न पूछते हुए भी अपना पसंदीदा गर्मागर्म सांभर सुड़कता रहा।

"हमारे आसपास की तितलियों में प्लेन टाइगर की मिमिक्री डैनेड एग बटरफ्लाई और कॉमन क्रो की मिमिक्री ग्रेट एग बटरफ्लाई तितली करती हैं। "

"दोनों कैसी दिखती हैं मम्मा?"

मम्मा उससे ही पूछने लगीं, "वो जो तितली तुम्हारे माथे पर बैठी थी, तुमको उस तितली का रंग याद है?"

पोंचू फिर टाइम मशीन में सवार हो पीछे चला गया। उसके माथे पर कुछ देर बैठे रहने के बाद तितली उड़ने लगी लेकिन वह अपनी राह भूल गई थी। बाहर निकलने की कोशिश में बार-बार दरवाजे के कांच से टकरा रही थी।

तितली का दरवाजे से ठक-ठक की आवाज़ के साथ टकराना बढ़ता जा रहा था।

"ओह! मम्मा तितली को तो चोट लग रही होगी न?" उसने चिंता भरे स्वर में कहा था।

"हम्म"

"क्या करें?"

"अपनी बटरफ्लाई नेट ले आओ।"

पोंचू दौड़ कर अपना नेट ले आया था। जिसमें तितली को पकड़ कर वह बड़ी देर तक उसे ध्यान से देखता रहा फिर बालकनी में छोड़ कर, बड़ी देर तक टाटा करता रहा था। वह काली तितली थी जिसके पंखों

के किनारों पर गोल सफेद बूंदें और उनके सामने अंडाकार सफेद बूंदें थीं।

"आपने फिर से उसे याद दिला दिया, मम्मा। काश उसे पाल सकते।" पोंचू ने उस तितली की याद में डूबे हुए कहा, तो मम्मा ने प्यार से उसका बाल संवार दिया पोंचू चिढ़ सा गया-

"ओह मम्मा! हेयर स्टाइल खराब हो जाएगा न।"

"तुमको तितली नहीं उसके रंग को बस याद करना था बाबू।" मम्मा हँसीं।

" हाँ! वो काली-सफेद तितली थी।"

"हाँ, वही कॉमन क्रो तितली थी और प्लेन टाइगर तितली नारंगी-काले रंग की होती है। जो हमने कल शाम लॉन में देखी थी" मम्मा ने उसका टिफिन उसके सामने रखते हुए कहा-

"मतलब तित्तू डैनेड एग बटरफ्लाई है।" इडली का आखिरी टुकड़ा खाते हुए पोंचू ने खुद से ही कहा।

"क्या कहा?"मम्मी ने पूछा।

"कुछ नहीं मम्मा! मैं आपसे कल पैसे मांग रहा था न स्कूल ले जाने के लिए..."

मम्मी को पोंचू का पैसे मांगना कुछ अजीब लग रहा था। इसीलिए वह कारण जानने की कोशिश कर रहीं थी। वह इस वक्त भी रसोई छोड़ कर पोंचू के पास आ गयीं। उन्होंने पोंचू के गाल सहलाते हुए कहा,

"हाँ! पर पहले मुझे तुम बताओगे कि तुम्हें पैसे क्यों चाहिये?"

"नहीं मम्मा! मैं यही कह रहा हूँ कि मुझे पैसे नहीं चाहिए।"

मम्मा की चिंता का विषय पैसे तो थे ही नहीं। वे तो जानना चाहती थीं कि पोंचू को पैसे क्यों चाहिए थे और यदि अब नहीं चाहिए तो क्यों नहीं चाहिए। उन्होंने पोंचू का चेहरा अपने हाथों में थामा। उसकी आँखों मे अपनी आँखें डालीं और कहा,

"अच्छी बात है; पर तुम्हें पैसे क्यों चाहिए थे? बताओ तो पोंचू!"

कल तक जो बात वह दिल में ही रखे घुटता रहता था। किसी को बताने की सोच कर जान हाथ में आती थी कि उन लोगों ने कहा है कि वह किसी को न बताए वरना उसको इतना मारेंगे कि वह लाल-लाल हो जाएगा। वह बात आज पोंचू ने बहुत सहज ही कह दी।

" मम्मा, छोटू और अर्णव मुझसे पैसे मांगते हैं। कहते हैं नहीं दोगे तो मारेंगे। मुझे मारने की धमकी दे-देकर फालतू काम भी कराते हैं। मुझे स्कूल बस में पूरे समय तंग करते

रहते हैं फिर मेरी ही शिकायत कंडक्टर भैया से कर के मुझे डाँट खिला देते हैं; पर मम्मा अब मैं उनसे नहीं डरूँगा। आज उन्हें कहूँगा कि यदि मुझसे पैसे माँगोगे, मुझे तंग करोगे तो मैं जोर से चिल्ला दूंगा। मम्मा चिल्लाने से बदमाश डर जाते हैं न? मैं और क्या कर सकता हूँ बताओ न।"

उस सहजता के पीछे थोड़ा भय भी था, कि वह कर सकेगा न?

मम्मा ने पोंचू को अपनी बाहों में समेट लिया।

"उस समय तुम्हारे मन मे जो आये करना। मैम, दीदी, कंडक्टर भैया जो भी आसपास हों उनको बता देना, चिल्ला देना, उन्हें कड़ाई से मना कर देना। तुमने सोच लिया न कि अब तुम उनसे नहीं डरोगे तो अब नहीं डरना, उन्हें जवाब देना, चिल्लाना, अपने आसपास

मौजूद बड़ों की मदद लेना फिर वे तुम्हें तंग नहीं कर सकेंगे। वैसे मैं तुम्हारी मैडम से भी बात करूँगी। एक बात याद रखना कि यदि तुमने डरना बंद कर दिया तो वे तुमसे डरेंगे क्योंकि दूसरों को सताने वाले अंदर से सबसे बड़े डरपोक होते हैं।"

"मम्मी! आज यही बात तित्तू ने भी मुझसे कही थी।" यह कहते हुए पोंचू की नज़र में, हाव-भाव में, आवाज़ में उत्साह आ गया, लेकिन उसकी बात मम्मी को समझ नहीं आई,

"किसने कहा?"

पोंचू एक बार में कटोरी का सांभर खत्म करते हुए उठ खड़ा हुआ। जल्दी से बॉटल, टिफिन बैग में रखते हुए कहा,

"लंबी कहानी है मम्मा। सपने की। शाम को स्कूल से आकर सुनाऊँगा।"

नीचे उतरने से पहले वह बालकनी में गया। बस आई या नहीं देखने। दूर मोड़ पर बस छोटू और दूसरे बच्चों को लेने कुछ देर रुकती है। उसे स्कूल बस उस मोड़ से आगे आती हुई दिखी। दूर गगन में एक चील अपने पंख पसारे उड़ती दिखी। कहीं से जंगल कोतवाल की सतर्क करती पुकार सुनाई पड़ी। तभी एक नारंगी-काली तितली उसके सामने से पार हुई। अपनी बेफिक्र, बेखौफ, स्वच्छंद उड़ान उड़ती हुई। पोंचू ने धूप सी दमकती मुस्कान के साथ कहा,

"हेलो तित्तू! मुझे विश करो कि मेरे दिल में आ जाओ।"

तित्तू उसके पास चली आयी। उसने पोंचू के चारों ओर दो चक्कर लगाये। मानों सच में विश कर रही हो। पोंचू का दिल समूचे शरीर मे रक्त तेज़ी से प्रवाहित करने लगा।

उसका दिल धड़कने लगा-

धक! धक! **धक!**

पोंचू के दिल मे तित्तू आ बैठी। वह अपने पंख फड़फड़ाने लगी -

फड़! फड़! **फड़!**

दिल में तित्तू धड़कने लगी-

धड़! धड़! **धड़!**

जंगल कोतवाल की तीखी टेर दिमाग़ में गूंजने लगी। उसकी हिम्मत चेहरे पर झलक उठी। अगले ही पल किटी का असमंजस उसके चेहरे पर झलका लेकिन उसने अपने सिर को झटका दिया।

उसने स्कूल बैग पीठ में लादा और नीचे उतरने लगा। तित्तू की बेखौफ उड़ान उसकी चाल में आने के लिए मचल उठी। दिल में तित्तू धड़कने लगी। वह मजबूती से अपने डर को जीतने की कोशिश करता, अपने क़दमों को मजबूती से धरती पर धरता, स्कूल बस की ओर बढ़ चला।

लेखक

श्रद्धा थवाईत हिंदी की प्रतिष्ठित लेखिका हैं। वह आपने आस-पास की दुनिया को बहुत संवेदनशील नज़र से देखती हैं, जिससे उनका लेखन किसी 'डीप वर्ल्ड' की खोज लगता है। उन्हें अपनी कथा-प्रतिभा के लिए ज्ञानपीठ का प्रतिष्ठित नवलेखन पुरस्कार मिल चुका है। उनका कहानी संग्रह *'हवा में फड़फड़ाती चिट्ठियां'* पाठकों के बीच काफी चर्चित रहा। उनकी कहानियां हिंदी की महत्त्वपूर्ण पत्र-पत्रिकाओं में लगातार छपती रही हैं। फिलहाल रायपुर में रहती हैं।

ई-मेल : shraddhathawait@gmail.com

मोबाइल नं. : 09424202798

रेखांकन

इस पुस्तक का रेखांकन दो युवा चित्रकारों ने किया है -**चारु स्मिता रात्रे** और **निशा रावत**। दोनों को रेखाओं से खेलना और प्रयोग ज़्यादा आकर्षित करता है।